スローな旅にしてくれ

蔵前仁一

幻冬舎文庫

スローな旅にしてくれ　目次

【第一章】安宿で一安心

【第二章】私は方向音痴である

【第三章】がんばれ旅行者たち

【第四章】旅をめぐって

挿画●蔵前仁一

【第一章】安宿で一安心

安宿で一安心

旅行から日本に帰ってくると仕事が待っている。日本で行う仕事は時間との戦いで、毎日が締め切りとの格闘だ。僕は自分のやっている仕事が好きなので、よほど時間に追われない限り、仕事に嫌気がさすことはない。趣味なんだか、仕事なんだかよくわからないような作業を年中やっているのだ。

ここ何年も一、二年仕事をしては、一、二年旅に出るというパターンを繰り返していたが、今はそれもままならず、半年くらい仕事をして、数週間から一カ月の旅をする感じになっている。長ければいいというものでもないので、一カ月の旅でもそれなりに楽しんでいるが、本音は半年くらいふらふらしていたいなあと思わないでもない。

先日、久しぶりにバンコクへ行ったが、ずっと常宿にしていたホテルを離れ、初めての宿に泊まった。僕が旅先で宿泊するホテルは、普通の日本人が一般的にイメージするようなホテルではなく、いわゆる「安宿」で、バンコクだと一泊四百〜五百円くらいの部屋だ。トイレとシャワーが付いていればいい方で、中にあるのはベッドと机と扇風機だけ。クーラーなどは無論ない。

妙なもので、このような安宿ばかり泊まり歩いてきたせいか、僕は安宿のベッドに寝転がると、えも言われぬ解放感にひたれるのである。もちろん僕だって五つ星のホテルに泊まった経験がないわけではない。豪華で柔らかなベッド、お湯も水もじゃんじゃん出るバスタブ付きのシャワー。洗面台にはシャワーも石鹸も揃《そろ》っているし、机の上には便箋《びんせん》も封筒もボールペンも備え付けてあり、そして、冷蔵庫の中には飲物一式が収まってもいる。たまに泊まると、そういう設備にいちいち驚いたり感心したりする。いつだったか、友人に、自分が泊まった高級ホテルの話をし、部屋にはクーラーも冷蔵庫もあったと自慢したら、それが当たり前なのだと諭されたことがあったっけ。

だが、僕にはどうもそれが落ち着かないのである。設備については申し分ない。お湯のシャワーが出ることにもちろん文句は言わないし、便箋だってあると便利だ。だが、快適で便利であることと、解放感を得るということは、僕にとってはどうも別物なのだ。

はっきり言って安宿の部屋の中には何もない。ベッドに寝転がって見えるのは、ぷるんぷるんとまわっている扇風機と、薄汚れた天井くらいのものだ。下に敷いたシーツが取り替えられてないことなど珍しくないし、たいてい窓からの景色もよくない。蚊が出てうるさい。暑くて眠れない。隣の客の話し声も露骨に聞こえてくる。

なのに、僕はそんなひどい部屋の中で、心の底からほっとするのだ。いったい何故なのだろう。

バンコクの安宿で僕はそういった気分を久しぶりに味わった。もしかしたら、忙しかった日本の生活から解き放たれたばかりだったせいかもしれないが、それにしても僕にとって安宿のベッドはあまりにも居心地がよいのだった。

第一に、やはり何もないのがよいのだろう。お湯の出るシャワーなど日本の生活ではごく当然のことだが、暑いバンコクではあまり必要性を感じない。風邪をひくのでクーラーはもともと嫌いだ。冷蔵庫に飲物が入っていても、料金が気になり安心して飲んでいられないたちなので、結局それもなくてよい。逆に、きれいさっぱりないことが、僕の心を落ち着かせてくれるのである。

なんだか、やせ我慢に聞こえるかもしれないが、僕は何も我慢などしていない。日本でたくさんのモノに囲まれ、究極の便利さの中で生活し、その至便さを喜んでいる僕が、不便な安宿で安心するのもおかしな話だが、それは紛《まぎ》れもない事実なのだ。テレビとビデオを持っている僕は、番組を録画しそれを見なければならない（自分が見たいという欲望を満足させなければならない）。洋服ダンスを持っていると、中に服を詰め、かわるがわる着なければならない。そしてそれらを便利な全自動洗濯機で洗う。簡単だからこまめに洗わなくっちゃ

なんで安宿の方が
居心地よいの
かねえ…

ね。その間にパソコンのスイッチを入れて原稿を書こう。こんな普通の生活が僕の周囲にあり、いかに便利であるかを知り、喜んで使っている。たった今も。

安宿にいると、僕を取り囲んでいたモノ、そしてモノに依存していた「快適さ」がすべて消滅する。まるで幻のように。あの生活はいったい何だったのかとめまいが起きるほどだ。着るものは必要最低限のTシャツとズボンと下着だけ。それを手で洗う。しばしば断水に襲われるので、なるべく少量の水で洗濯しようと洗剤などもあまり使わない。テレビもないのでヒマ潰《つぶ》しに誰かと話をしたり、日記を書いたり、手紙を書いたり、読み終わった本を繰り返し読んだり、または……ただボンヤリしている。

生活が不便になるのは否定できない。洗濯は手でしなければならないし、コンビニはないので夜中に飲物も買えない。机がないと手紙もうまく書けないし、テレビがないと明日の天気もわからない。

だが、実際に僕がそういう不便をさほど苦痛に感じないのには理由がある。例えば、洗濯を手でするといっても、何枚も洗うわけではないのだし、やらなければならないことといったら飯を食うことと洗濯くらいのものなのだ。机がなければ手紙なんか書かなくてよいのであり、明日の天気が雨だったら外に出なくてもよいのである。だからたいして不便ではないのだ。

日本での生活は、それを快適にしようとすればするほど何かが必要であり、時間を使わないことが大切になってくる。それが「便利」であるとされるのだ。場所と季節によって服を着替えない人間はいないし、ビデオを見たことのない人はいない。それはそれでよいのだが、何もない安宿で僕がほっと安心するのは、そういった諸々のモノからの解放感なのだろうと思うのである。

僕のインド初体験

インド、と聞くと読者はどのような連想をするだろうか？ 大理石の廟タージマハール、ガンジス川の沐浴、伝染病や不潔さを連想する人もいるかもしれない。または乞食、カレー、暑さ、そしてヒンドゥー教の聖なる牛などなど。

僕が初めてインドに行ったのは一九八三年のことである。長い旅に出るようになった最初のきっかけを与えてくれたのが、そのインドへの旅であった。

実を言うと、僕はインドに何の興味も持っていなかったし、インドのことなど何ひとつ知らなかった。だから、僕が漠然と持っていたインドのイメージそのものが、いま書いたようなことだったのだ。そして、それはあながち間違いではなかった。

それなら、何でインドなんかに行ったの？ と読者は思われるかもしれない。海外旅行ならインドじゃなくったって、アメリカでもオーストラリアでも他にもたくさんあるじゃないか。

そうなのだ。でも僕のインド行きは、たまたまインドの好きな（しかも押し付けがましくない）友人がいて、彼が何気なく勧めてくれた偶然によるものなのである。僕としてはアメリカでもヨーロッパでもどこでもよかったのだ。たまたまインドだっただけだ。
前置きが長くなったが、初めてインドに到着したときの情景を僕は忘れることができない。インド航空で夜遅く、デリーの空港に着いた。空港はひどいおんぼろで、薄暗く、そしてやたらと人で混雑していた。薄汚いなりをしたインド人が、しかも、どう見ても空港の職員とは思えない人々がうじゃうじゃいたのだ。初めは、その汚い服とあくの強い顔付きに取り囲まれただけで、ひどい不安に陥った。

空港を出ると、いきなり数人の男たちが寄ってきた。タクシーの客引きである。それぞれの運転手が、街まで○ルピーだ、××ルピーだ、と僕に叫ぶ。本当の料金を知らないので、とにかく安い車を選んで乗るしかないのだが、乗ったら乗ったで、暗い夜道をきちんと街へ連れて行ってくれるのか心配で仕方ない。途中で強盗に変身したらどうしよう。しかも、運転席の助手席には、何だか正体不明の人間が乗り込んでいる。これは誰だと聞くと、「マイ・フレンド」だという。いったいどうして、僕が金を払っているタクシーにマイ・フレンドが乗っているのだ？

空港からタクシーに乗り込もうとすると、オレンジ色の街灯が周囲を弱く照らしていた。そのとき、たくさんのゴミ袋が捨てられているのを僕は発見した。何でこんなところにゴミを捨てるのか。空港に降り立った途端、強烈な臭《にお》いがしたが、それはこういうゴミの放置のせいだろうかと思った。

ところが！　よく見てみると、なんとそのゴミ袋が動いているではないか。

「ゴミじゃない！」

暗いので、遠くから見ただけではわからなかったが、それは人間なのであった。人間が布を頭から被《かぶ》って、路上で眠っているのである。そういう人々が空港の周りに百人以上いるのだ。

「これがインドってやつなのか……」

僕は身震いして、心を引き締めた。

がんばらなくっちゃ！

ホテルへは無事に到着した。タクシー代は相場よりも相当多く払ったことが後で知れたが、そのときは無事にホテルに到着するだけで精一杯。ああ、これでとにかく何とかなった。

次の日から僕は街を歩き、観光をしてまわった。僕はインドのことなど何も知らなかったので、何をするにもガイドブックと首っ引きで動いていた。そしていつもタクシー代をぼられ、品物代をぼられ、何だか意味不明の料金を払わされた。

何故そんなに余分な金を取られることになるのか。それは第一に日本と比べるとあまりに

初めてインドに到着。
暗闇の中に、ごろごろところがっているのは、眠っている人間たちであった。

も物価が安いからだ。たとえば日本ではマッチ一箱十円だが、インドでは幾《いく》らするのだろう。五円と言われると、そうかなと思って払ってしまう。インドで五円というと、当時のレートで二十五パイサ（〇・二五ルピー）。五十パイサあればお茶を一杯飲むことができた。そうやって考えると、マッチ箱一個がそんなにするわけがないとわかる。答えは一円なのであった。

これもインドに長くいて段々わかってきたことで、初めはあまりにも安い物価に戸惑いをおぼえるばかりだった。そういうときはインドの商売人にやられ放題なのである。

そして、僕を長い旅に引きずり込んだ決定的な出来事に、聖地バナーラス（ベナレス）で出合うことになった。ガイドブックに、そこで日本人が安宿を開いていると書いてあったので、日本人恋しさに泊まりに行ったのだ。

ところが、行ってみるとその宿は、それまで僕がインドで泊まったどの宿よりも汚く、そして安いのであった。しかも、インド人と同じくらい汚い日本人旅行者がうじゃうじゃ泊まっていたのである。そして、さらに驚いたのは、それら旅行者の誰もが、少なくとも三カ月、長い者になると数年の間、インドやアジアを旅しているのであった。

彼らはインドの汚さなどまったく気にとめていなかったし、物価も知り尽くしていた。ある人はこう言う。

「インドの物価なんか全然安くないですよ。品物だって粗悪品が多いし、日本だったら売り物にならないような物まで売ってるんですから。マッチだって日本のなら絶対に火が着きますけど、インドのは一箱で三分の一はスカですもんね。それに、インド人の平均収入を知ってますか？　収入に比べたら、インドの物価は恐ろしく高いですよ」

なるほど、そのようなものなのか。

僕はそのとき十日間の旅だったが、初めてこんな世界を体験した。世界とはこのようなものなのか。他の国もこうなのだろうか。それなら何故日本はあんなに物価が高いのか。それに旅行者たちは、何故こんなに長くインドを、あるいはアジアを旅することができるのだろうか。疑問は次から次にわきあがってきた。

「そんなにいっぺんにインドをわかろうったって無理ですよ」

誰かが僕にそう言った。

「もう一度、インドに来ますよ、あなたは」

その言葉にむっとして、僕は冗談じゃないと思った。インドなんか二度と来たくない。こんなに汚くて、ずるがしこくて、せこい連中のいる国なんか誰が来るもんか。僕は正直言って逃げるようにインドを飛び立ったのであった。

これが僕のインド初体験のあらましである。

だが、僕はインドを忘れることができなかった。だまされたり、汚い思いをしっぱなしだったのに、それでもインド人が僕の夢に出没し、おいでおいでと語りかけてきた。僕は毎夜悪夢にうなされ続け、ある日、インドへ向かう決心をした。僕の長い長い旅が始まったのである。

ヒマラヤの大都会カトマンズの現実

「蔵前さん、旅行するのにおすすめの場所はどこですか？」というような質問をよくされる。この種の質問をされたとき、僕が答える場所の一つに、ネパールのカトマンズがある。

カトマンズはネパールの首都ではあるが、東京と比べると全然たいしたことがない。人はそこそこ多いけれど、施設は貧弱だし、もちろん高層建築などない。成田空港が普通の空港だと思っている人が初めてここに降り立つと、あまりに何もないただの広場なのでびっくりするかもしれない。

僕も初めてカトマンズに来たときには、そのあまりの貧弱さにがっくりきた。一国の首都だというのに、古びて傾きかけたような建物ばかりだし、路地は舗装もされてなくて、雨が降るとグジャグジャになるし、国際電話はおろか国内電話さえろくに通じないのだ。

とんでもない田舎町だと僕は思った。そして、「首都」という言葉の持つ華やかなイメージがいっぺんに吹き飛んでしまった。こんなに何にもない町でも「首都」でありうるのかと。

僕は、東京や香港やバンコクのように、街に駅や港があり、ビルが建ち並んで、映画館や商店が軒を連ねるところが「首都」だと思っていたのだが、そんなものはカトマンズにはほとんどなかった。その代わりネパール独特の立派な仏塔が、街のあちこちに立っており、王様の宮殿だけがデーンと広い場所を占めていた。

カトマンズを一歩離れると、そこは山また山の世界であった。ネパール第二の「都市」といわれるポカラに着くと、そこは日本なら山間《やまあい》の村といった感じであった。ポカラには湖があり、そこからヒマラヤへトレッキングをしにいく基地となるところなので、旅行者や観光客の姿ばかりが目についた。ポカラからもヒマラヤのアンナプルナ山系がきれいに見えた。

僕はアンナプルナの山を見にトレッキングへ出た。そのコースは普通の人で十日ほどのトレッキング・コースなのだが、途中いくつもある茶屋で休みながら、ゆっくりとトレッキングを続けた。トレッキングは寝袋と水筒だけを持っていけば、あとは茶屋で用が足りることになっている。水の補給もできるし、食事もあるし、そこに寝泊まりもできた。山々の風景を眺めながら、普通の倍くらいの時間をかけてトレッキングをやり終えた。

山からポカラに帰ってくると、不思議なもので、それまで山間の村くらいにしか思えなかったポカラが、なんだか立派な町に見えてきた。電灯はともっているし、レストランはあるし、ホテルもある。そこではシャワーだって思う存分浴びられるのだ。まるで南極から帰ってきた探検家のようなものだ。山の中では、寝泊まりをし、食べるものがあるだけの簡素な

僕のカトマンズ風景
路地を抜けると
ストゥーパ（仏塔）が
見えてきた……。
1994

生活である。トイレも木陰に隠れてやらなければならないのだから、ポカラのホテルにある立派なトイレと、そこにある電灯の光に「町」を感じるのは当然のことだった。

　ポカラでは一人のネパール人少年と友だちになった。彼は生まれてから一度もポカラを出たことがないと言う。

「ジン、カトマンズと東京ってどっちが大きい？」

　ネパール人でありながら、カトマンズにも行ったことがない彼は、日本人の僕にそう質問するのだった。

「東京の方がずっと大きいよ」

「どれくらい？」

「う〜ん、そうだなあ。カトマンズはポカラの百倍くらい大きくて、東京はカトマンズの百倍くらい大きいんだ」

　僕がそう答えると、彼は目を丸くして驚いた。

　それから、しばらくして僕はポカラからカトマンズへ帰った。長い間バスに揺られて、やっと到着したカトマンズで、僕は息を呑《の》んだ。そこに見えている街は、前とはまったく別の大都会カトマンズの姿だった。

　つい一カ月前までひどい田舎町だと思っていたカトマンズが、今は光り輝くような大都会に見えるのだ。道には車が何台も走り、人々が着ている服も派手で美しかった。観光客相手のおみやげ屋もにぎわっているし、本屋はあるし、レストランの数もポカラとは比較にならないほどたくさんあった。

いったい、何故僕はこの街を田舎町だと思っていたのだろう。もちろん電車も走っていないし、地下鉄もないし、高層ビルもないのは確かだ。しかしカトマンズには、そういったものがない代わりに、古い町並みと、それが織りなす深く謎めいた路地、そして活気あふれる市場や、宗教的な時間が流れている場所だった。

僕はそれまで大都会というと、高層ビルや地下鉄などの近代的な設備ばかりを考えていた。カトマンズはそのような大都会ではなかった。盆地の中にできあがった街カトマンズには、山々に住むネパールの人々が、様々な品物を持ち寄って交易をする中心地であった。そして、宗教心の篤《あつ》い人々が、カトマンズにある聖地を訪れて、熱心に祈る場所でもあった。

ネパールはヒマラヤに抱かれた美しい国だ。そんなところに、電車も地下鉄も高層ビルも似合わないと、僕は思うようになっていた。ヒマラヤの国ネパールには、カトマンズのような街こそがふさわしいのだと。

しかし、カトマンズも年々変わりつつある。何年かおきに行くたびに、街には車が増え、建物が大きくなり、人の数も増加していった。

ごく最近、カトマンズを訪れた僕の友人は、カトマンズはアジアで最も空気の悪い場所の一つになっていると手紙をくれた。外国人旅行者たちはマスクをして歩いているというのである。そして、国際電話もファックスもばんばんつながるようになっているそうだ。あのヒマラヤの国カトマンズの空が汚れている。その言葉は僕にとって信じたくない現実の一つであった。

ネパールはその後大きな変化があった。二〇〇一年六月、前国王ビレンドラ国王とその家族が惨殺されるという衝撃的な事件が起きた。九〇年代に入ってようやく実現した議会制民主主義だったが、故ビレンドラ国王に代わって王座に就いたギャネンドラ国王が、議会を解散したままの状態が続き、選挙のめどがたっていない（二〇〇二年十二月現在）。

ネパールの民主化と同時期に地下活動に入ったマオイスト（ネパール共産党毛沢東派）を名乗る武装ゲリラが、一九九六年「人民戦争」の開始を宣言し、政府の治安部隊との戦いによって双方で四千人以上が死亡している。その影響で外国人観光客が激減、カトマンズのホテル街は閑散としていると報道されている。ゲリラ活動が活発化している背景には、民主化以降も改善されない貧富の差、政府役人の汚職があるとされ、このままではますますゲリラ活動が広がっていくのではないかと懸念されている。

また、インドでだまされた

このところ、新しく出す単行本『旅で眠りたい』の執筆に追われていた（一九九九年に新潮社より文庫化）。一九八九年から九〇年にかけてアジアを東から西へ旅したときの模様を書いたのだが、あらためてあのときのアジア旅行のことを思い出すと、つくづく自分のいいかげんな性格が旅行ルートに表われていると思う。

旅行の順路を地図で示すために通過地点を矢印でつないでいく作業を行ったのだが、これがはなはだ面倒。僕の性格上、行き当たりばったりで次の目的地を決めているので、無駄な迂回《うかい》をしたり、同じコースを二度三度と通ったり、ややこしくて地図に描き込みにくいことこのうえないのである。そんなに細かく僕の旅行コースを描き記しても、読者はどうせ面倒くさがって見ないだろうし、僕の旅の細かい記録に歴史的、学問的価値があるわけではまったくないので、どうでもいいじゃないか！　と思ったりもするのだが、担当編集者が几帳面《きちょうめん》な人で、どうせやるなら正確にしなくてはいけません、と言われて、必死に日記の日程をめくっている始末であった（編集者には、執筆者のいいかげんな性格を補うような几帳面さが必要だと思う)。

もともと記憶力にかけては人並みはずれて悪いことを自認している僕だが、三十五歳を過ぎてますます衰えが目立ち、忘れるだけならまだしも、いつの間にか間違って覚えているから始末が悪い。書き上がった原稿を妻が読ませろというので、しぶしぶ読ませると、日にちが間違ってる、値段が違うと指摘する。たいてい言い争いになるので、決着をつけるために記録ノート(旅行中は彼女が日程、料金などをメモしている)をめくると、これが九十パーセント以上彼女が正しいのだ。僕だって何も嫌がらせのために意地を張っているわけではない。自分の記憶ではそれが正しいと固く信じ込んでの発言なのである。それをけんもほろろに否定されると依怙地《いこじ》にもなろうというものではないか。しかし、この確率で自分が間違っていることを知らされると、さすがにがっくりくる。おれの頭はただの豆腐か?

近頃は、旅をするにもアホみたいなドジを踏む。この前インドに行ったときのことだ。もちろんインドには初めて行ったわけじゃないし、ニューデリーの安宿街なんぞ見慣れた風景になっている。インドの旅といえば、いつもここかカルカッタから始まるので、バスや列車のチケットの手配も幾度となくやっている。

なのにだ、またもだまされてしまった。ニューデリー駅前の旅行代理店で、でたらめなバス・チケットを購入してしまったのだ。同じホテルの日本人旅行者はそのチケットを見て、

カシミール・ホリデイ・ツアーズねぇ
いかにも怪しい代理店ですねぇ
そ、そーお

「あんなところで買ったらインチキなものを売りつけられるに決まってるじゃないですか。他にも大学生が何人もだまされてますよ。知らなかったんですか？　ガイドブックにも書いてあることですよ」とあきれられた。

知らなかった。考えてみれば、インドにやってきたのが五年ぶり、ニューデリーでバスのチケットを買った経験など十年以上も前にさかのぼらなければならない。そのとき、自分がいかにしてチケットを買ったかなど、もう全然覚えていないのだ。もしかしたら、その頃には駅前にあんなたくさんの旅行代理店はなかったのかもしれない（いや、あったと旅仲間は言う）。

したがって、バスのチケットを買うに際しては、慎重でなければならないはずなのだが、何故か気合いがまったく入らず、簡単に引っかかってしまった。まったくたるんでる。

『旅で眠りたい』に書いたアジアの旅は、ちょうど一年かかった。これだって本当は半年ぐらいでアジアを抜けるはずだったのだが、やれ暑い、やれだるい、やれ疲れたと理由をつけては旅をさぼったために、ずるずると日程が遅れてしまったのだ。本来の計画通りに行けば、アフリカをまわり、ヨーロッパも巡り、北米も中米も南米も旅したのち、あわよくば南太平洋の島々も訪れようという算段だった。今考えれば、何を根拠にしてこのような計画を立てたのか、自分でもよくわからない。日本を一歩離れた瞬間に、それがまったく不可能であることを僕は知った。なにしろ東京を出発して、沖縄から日本を出国するまでに一カ月もかかってしまったのだ。

しょうがないので、あとは成り行きまかせの旅である。とにかくアフリカにだけは絶対に行こうと心に決めていた。大幅に遅れはしたが、とりあえずアジアの西の端であるイスタンブールに到着したときは、本当にほっとした。そこからならアフリカ大陸はもう目と鼻の先だからだ。

で、ここで安心しすぎて、ずるずると三週間滞在。季節はあっという間に冬になり、ヨーロッパ経由でアフリカへ入るはずが、結局それもダメになってしまった。何故なら、僕はそのとき、サハラ沙漠を越えてアフリカ西部に入るつもりだったのだが、サハラ越えはクリスマスから正月にかけてのシーズンしか通れないのだ。イスタンブールでぐずぐずしている間に、その季節が間近にやってきてしまったのである。

そうやって、僕は取るものも取り敢《あ》えず、急いでアフリカに突入したのであるが、準備不足がたたっていろいろと厄介《やっかい》なことが起こった。アフリカをどのようにまわるべきか計画的なコース設定もせず、薬や予防注射を備えられず、食糧や寝具も充分ではなかった。さすがにこれでは西アフリカを初めて旅するにはいささか無謀であったようで、その後の僕のアフリカ旅行は、アジア以上に迷走する羽目になってしまったのである。

これも、ひとえに僕のいいかげんな性格のせいだが、結局、僕は旅の目的を達成することを、あまり真剣に突きつめているわけではないのである。旅そのものが旅の目的なのであるから、とりあえず旅ができれば、それでほぼ満足してしまうのだ。計画のまったくない旅も、それはそれで面白いと僕は思っている。ただ、ちょっと苦労が多くなるのは確かだが。

ダライ・ラマ十四世のパワー

先日、一カ月半ぐらいインドをまわってきた。インドを旅したのは五年ぶりだが、インドもやっぱり変わっていることを実感した。例えば、十年前まで日本からインドの地方都市に電話すると、つながるまで何日かかるかわからない冗談のような状態だった（実際に妻がインドにいる僕に電話しようとして、数日待たされたのち、結局つながらなかったことがあった）のが、今や世界中へダイレクトでダイヤルでき、その範囲がインド全国へと急速に広がりつつある。それどころか、携帯電話サービスも開始される時代になってしまったのだ。

いや、世の中ホントにすごいことになっている。

僕が今回行ったインド北部のヒマーチャル・プラデシュ州というところは、ヒマラヤ山脈の西南部に位置するいわゆる山岳地帯。六千メートル級の雪山がそびえ立ち、その山の向こうはもうチベットだ。舗装もろくにされていない山道しかなく、これが雨期になるとすぐに崖崩《がけくず》れで不通になるお粗末な代物《しろもの》（もっともインドではこれでも国道なのだが）。そんなインドのド田舎に、なんと光ケーブルや衛星通信電話網が設置されようとしているのである。

まだ道路さえろくに通っていないというのに、こんなところからアメリカにファックスを送ってどうするんだ？　まったく信じられない時代になったもんだ。

話はそのヒマーチャル・プラデシュ州の旅だ。ほとんどの人はこの長ったらしい名前の場所など知らないと思うが、あのダライ・ラマ十四世が住んでいるところだといえば、オウム関連のテレビで思い出す方もいるかもしれない。

ダライ・ラマ十四世はダラムサラという町に住んでいる。チベット亡命政府があるのもここだ。中国領となったチベットから逃亡してきたチベット人難民などがここに住み着き、町には彼らの経営するホテル、レストラン、洋服屋、書店などが軒を連ね、活況を呈している。インドにありながら、ほとんどチベットにある町のようだ。

そして、わざわざ欧米諸国からチベット文化を学びにやってくる若者が数多く住んでいる。僕の目から見ると、他でグータラしている旅行者よりもかなりマジメなタイプ――チベット語や仏教を勉強したり、あるいは瞑想をしている人が多い。青い目の仏教僧が歩いていたり、レストランでチベット独立問題について討論していたりするわけだ。

そのような田舎町にダライ・ラマ十四世は住んでいる。だが、考えてみるとダライ・ラマ十四世といえば、ヨハネ・パウロにも匹敵する人物である（チベット人から見ればヨハネ・パウロはただの人間にすぎないが、ダライ・ラマ猊下《げいか》は活仏《かつぶつ》だから猊下の方が偉いかもしれない)。ノーベル平和賞受賞。世界情勢を揺り動かす大人物。CIAもKGBもMI6も常にその動向を見張っていたに違いないVIPである。

なのに、猊下が住んでおられる住居近辺は、われわれのような旅行者がふらふらと徘徊《はいかい》できるほど無警戒。もちろん門の中には銃を持った兵士が二人ほど警備していたが、たったそれだけ? という程度である。僕なんか門の前に近付いて、表札やら、中の様子やらを覗《のぞ》かせてもらったのだが、門の前には「ダライ・ラマ猊下に会いたい人は、まず事務所にお問い合わせ下さい」と、当たり前すぎて少々お間抜けなお知らせがあるだけだった(もし、これと同じことをバチカンに行ってやったら、どのような扱いを受けるであろうか?)。

しかも、もっとすごいのは、ダライ・ラマ猊下がわれわれのような旅行者と会い、握手してくれることである。これは旅行者の間ではかなり有名で、ダライ・ラマと握手をするためだけにダラムサラにやってくる者もいるほどだ。

しかし、世界のVIPたるダライ・ラマが、どこの馬の骨ともわからない旅行者と握手などするだろうか。最低限の身分照会ぐらいはあって、それで会えるというのならまだわかるが、誰でもというのは無理だろうと僕は思っていた。

ところが、ダラムサラに来てみると、誰でも会えますよと旅行者たちが言うのである。ただし、ダライ・ラマ猊下は忙しい身なので、スケジュールの都合で毎日とはいかない。申請して、順番を待たなければならないのである。それがどのくらい待たなければならないのかは、そのときにならないとわからないのだそうだ。

以下はダラムサラで会った旅行者の話だ。

「ダライ・ラマに会った奴の話を聞いたことがありますけど、外国人は一列にダダーッと並ばされるんですって。で、そいつはもう感動してダライ・ラマと握手したわけですよ。一瞬だけ手を握ってダライ・ラマの顔を見たら、ダライ・ラマはもう次の人の顔を見てたって笑ってました」

やっぱり、握手するのだ。

またもや引合いに出して申し訳ないが、ヨハネ・パウロが旅行者と握手なんかしてくれるわけないですよね？　どこかの新興宗教の教祖だって、俺らみたいな旅行者と握手してくれるとは思えん（逆に、新興宗教の教祖様がダライ・ラマ猊下に会うことなんか、割と簡単なんじゃないかと僕は思いますね）。だいたい選挙中の議員だって、選挙民と握手してまわるのは大変だって話なのだから、単純にその回数だけ考えても、ダライ・ラマの握手行為は一種の修行なのではないかと思う。

僕がダラムサラに滞在しているとき、ダライ・ラマ猊下は訪米中で、握手をしてはもらえなかった（そのつもりもなかったが）。チベット問題がアジア情勢の中で巨大な意味を持つことは僕が言うまでもないが、ダライ・ラマは外交に忙しい身であるので、しょっちゅう町を出て行かなくてはならない。

僕にはそこでまた大いなる疑問があった。ダラムサラから国際空港のあるニューデリーへ行くには、車で十時間以上もかかる。しかもダラムサラは標高千八百メートルの高地。途中の山道は、旅慣れない日本人であれば疲労困憊《こんぱい》するような悪路とカーブの連続である。こんな道を猊下は外出のたびに走っているのだろうか？　崖崩れなどに出くわしたら転落死はまぬがれない。世界的重要人物が仕事で通る道とは、僕にはとても思えないのである。

「いや、いつもジープに乗って山を下りて行くみたいですよ」

ダラムサラに長く居ついている旅行者は、僕の疑問に答えて言った。

「ヘリコプターでニューデリーまで行くんじゃないんですか？」

「ダライ・ラマが外から帰ってくると、チベット人たちがいつも町の入口にお迎えの飾り付けをしてますから。ジープに乗って帰ってきてますよ」

うーむ、ダライ・ラマ猊下は、恐ろしくタフな人、いや活仏なのである。

そこにカンボジアがあるから行くのだ

僕はこのところインドシナ半島の国々への旅を続けてきた。新聞などでもよく報道されているので御存知の方も多いと思うが、近年インドシナ半島のベトナム、ラオス、カンボジア、中国雲南《うんなん》省といった地域は急速に開発されつつあり、これまで外国人が立ち入ることのできなかった地域が、旅行者にもどしどし開放されているのである。旅行者にとって特に魅力的なのは、ずっと鎖国で入れなかったラオス、自由に旅行することが難しかったベトナム、ようやく平和を取り戻しつつあるカンボジアなどであろう。僕はこれらの国や地域をあっちゃこっちゃ旅してまわっていた。

いったいぜんたい何でそんなところを旅するのが楽しいのであるのか、とお思いの方も多かろう。カンボジアなんて危ないんじゃないの？　とか、ラオスってどういうところなんだかさっぱりわからない、とか。長年の付き合いである僕の友人にしても、「ラオスに行ってきたんだけどさ」と僕が言っても「へえー」と一言いったきりほとんど何の反応もない。

「だって、ラオスったって全然イメージがわかないんだもん」

なるほど、そんなもんかもしれんなあ。

しかし、だ。アジア一帯をまわっている旅行者にとって、ラオスやベトナムを自由に旅行できるようになったことが、どれほど待ちわびられていたことか。ホント、うれしいんだよな、これが。このことをわかってもらえないのが残念である。ロックファンにたとえれば、ローリング・ストーンズが来日コンサートを開くようなものなのだぞ。

というわけで、一九九四年の暮れにベトナムとカンボジアをまわってきた。実はその七年前、まだ両国がほとんど旅行者を受け入れていなかった頃、僕は高額の金を払って団体旅行に参加し、ベトナムとカンボジアを訪れたことがある。戦争や内乱のあとが生々しい時期で、まだその頃は団体旅行のみという制約があり、自由に旅できる状態ではなかったのだ。

七年ぶりに行ってみると、特にベトナムの復興ぶりには目を見張るものがあった。ベトナムの経済・文化の中心都市は、なんといってもホーチミン市だが、ここはたくさんの車やオートバイで渦巻いており、市場にはモノがあふれ、商店では活発な取り引きが行われていた。これのどこが社会主義なのだと思うほど、例えばそれはタイのバンコクなどと表面上は変わらない様相であった。

以前は店で買い物をすると、米ドルを銀行レートの十倍以上で両替してくれたのが、今回はそれがものの見事に消滅していた。それどころか、直接米ドルで取り引きをしている有様。

ベトナム政府は、むやみに米ドルばかり使われてベトナム通貨の価値がなくなっては困るので、庶民に米ドルの使用を禁止したと新聞に出ていたが、これが全然守られている様子がない。みんなばんばん米ドルを使っている。かろうじて駅の切符を買うときだけは（これは公共料金だ）、ベトナム通貨しか受け取ってもらえなかった程度である。

それにしても、欧米人旅行者の進出はすごい。ホーチミンでは欧米の若い旅行者たちがうじゃうじゃ歩きまわっている。タイのバンコクにはカオサン通りという有名な安宿街があり、ここに行くとタイ人を見つけるのが難しいといわれるほど外国人ばかりが集まっているのだが、ホーチミンの一角に早くもミニ・カオサン化した通りが出現していた。

今回は北部のハノイからサパという山間部に行った。ここは中国国境にほど近く、少数民族の住んでいる地域である。ハノイから列車で一晩。国境の町からさらにバスに乗り換えて山を一時間半くらい登ったところにあり、ベトナムでも僻地の部類に入る。そこに、欧米人旅行者がわさわさと押しかけてきているのである。まったく、はるばるとヨーロッパくんだりからこんなところまでどんどんやってくるものだ。僕は正直言ってあきれた。若者だけではない。イスラエル人のばあさんなども若い者に混じって山を登ってきていた。

「あなた日本人？　私、日本にも行ったことがあるわよ。シンカンセンに乗ったのよ。京都に着いたときね、アナウンスがあって車掌さんが、『大変申し訳ありません。列車は三分遅

トンレサップ湖を
わたるボート。30〜40人
くらいの客を乗せて走る。
途中で襲われなくて
ほっと一安心。
1996

れて到着いたしました』だって！　きゃははは。ベリー・ソーリーだって。たった三分よ。きゃははは。あれが日本なのねえ」

イスラエル人のばあさんは大喜びである。ＪＲの労働者諸君、日イ親善に一役かった君たちは偉い。遅れたのを謝って何が悪い。

ベトナムの次に行ったのがカンボジアだ。新聞でもたびたび報道されているように、カンボジアの治安はまだ完全によくなっていない。ときおり欧米人旅行者がゲリラや強盗に襲われて、捕まったりしているし、悪くすると射殺されたりもしているのである。

なのにだ。ここにもまた彼らはひるむことなく進出しているのである。カンボジア観光の目玉といえば御存知アンコール遺跡だが、ここはトンレサップ湖の北側にある。ここを見るにはプノンペンから車で三時間、船で三時間、さらに車で一時間の旅をしなければならないが、このルートは必ずしも安全ではない。地元の人に聞くと、危ないからやめた方がいいという人あり、ときどき襲われるぞという人あり、誰も安全を保証する人などいないのである。特に欧米人が標的になっているという話もある。各国大使館は、このコースは絶対に行かないように、これで死んでも大使館は知らないぞ、と告知しているとカンボジア人が教えてくれた。

にもかかわらず、このルートに欧米人たちがぞくぞくとやってくるのである。僕は怖かったので、行きは空を飛んでいったのだが、彼らがあんまり平気な顔でやってくるので、帰りは同じコースでプノンペンへ戻ってみた。こうやってこれを書いているのだから無事だったわけだが、今日の新聞を読んでいたら、アメリカ人旅行者夫婦が銃撃されて、夫人の方が死亡したと報道されていた。やっぱり安全じゃないのだ、本当は。ああ、無事でよかった。

やっぱりカンボジアは危険なんじゃないか。そんなところの何が楽しいのだ！　と初めの問いに戻るわけだが、いや、まったくその通り。何が楽しいんだか。だがしかし、こういう言葉があるではないか。そこに山があるから登るのだ。そこに来てもいいぞという国があるから、じゃあ行ってみようかなと思うじゃありませんか。ねえ。

続・そこにカンボジアがあるから行くのだ

前項で、カンボジアはまだ必ずしも安全ではないと書いたが、実はいま僕は、カンボジアやベトナムの旅行に関する本を作っている。そのためにカンボジアの情報を集めているのだが、いやはや、旅行者たちはどしどしとその「危険な」カンボジアへ向かっているのである。

一九九五年になってすぐに、アンコール遺跡のすぐそばで、アメリカ人観光客が強盗に襲われ、アメリカ人女性一人とカンボジア人ガイド一人が殺害された。新聞の記事だけで事件のあった場所を特定することはできないが、おそらくそれは「バンテアイ・スレイ」という寺院のそばだろうと推測される。ここは一連の遺跡群から離れた場所にあって、以前から危険だと警告されていたところである（ただ、この遺跡にある彫刻がアンコール芸術の中でもピカ一との評判で、その保存状態もすばらしいという）。情報を寄せてくれた人の話だと、遺跡そのものは政府軍が守っているからいいのだが、遺跡に行くまでの道で襲われる人が跡を絶たないらしい。

このように、カンボジアが安全でないのは事実である（最近、外務省の関連団体が始めた国別旅行情報サービスによれば、このバンテアイ・スレイは特に危険な地域に指定されており、単独行動は避けるようにとの注意がなされている）。

にもかかわらず、旅行者たちはそのカンボジアへ行く。いったいなぜ命の危険があるような国へ好きこのんで行くのであるか。冒険をしたいのか、それとも命知らずなのか。

僕の答えはこの二つとも否《いな》である。日本で入る情報だけをもとにして考えると、カンボジアに入国した途端、銃撃されるような印象を受けるが、実際にはそんなことはないのである。

現在のところ、旅行者がカンボジアへ行くには、首都のプノンペンに飛行機で入るか、もしくはベトナムから陸路の国境を越えるしか手段はない（厳密にはタイからのルートもあるのだが、一般的ではないし危険だ）。この二つのルートでカンボジアへ入る限り、まったく危険は存在しない。

それで、めでたくプノンペンのホテルにたどり着いたとしよう。外務省関連団体の情報では、プノンペンの夜間外出は控えるようにとあるが、実際には市民がぞろぞろと歩きまわっている。それは危険ではないのかといえば、ごくたまに発砲事件が起こっているそうなので、まったく危険でないわけではない。

だが、ごくたまに発砲事件が起こるのが危険だというのなら、ニューヨークやロサンジェルスを観光旅行する人が夜間外出を控えているのかといえば、そうではないでしょう。それと同じで、百パーセント安全ではないが、街でばんばんと銃撃戦が行われているのではないし、のんびりと歩いていても普通は何の問題もないのだ。

さて、いよいよ「安全な」プノンペンを離れてアンコール・ワットを見に行くとしよう。これ日本での情報では陸路の旅は危険とされているので（これは事実だ）、飛行機で行く。これなら飛行機が落ちない限りまったく問題ない。シェムリアプという町がアンコール遺跡群観光の拠点となっているが、この町も常に銃撃戦が行われているところではなく、滞在するのにはまったく問題ない。安い宿もたくさんあり、個人旅行者《バックパッカー》たちは一泊三百〜四百円程度の部屋に寝泊まりしている。ここでアンコール遺跡巡りについての情報を仕入れる。というのは、アンコール遺跡は広すぎて、とても歩いてまわるわけにはいかないからだ。旅行者の大半はバイクを雇って、見どころを案内してもらいながら見物してまわるのである。

バイクのドライバーたちは決して危険なところには近付かない。地雷のあるところも熟知している。危険な時間帯も知っている。旅行者の落とす金も欲しいが、自分の命も大切なのだ。旅行者が自分で森の中に分け入って遺跡を見物しようとすれば、地雷を踏んだり強盗にあったりする危険性が高いが、プロのドライバーに頼めば事故をほぼ回避できる。昼日中のアンコール遺跡群の中で、突如として銃撃戦がおっぱじまることは今のところない。実際には、かなりのんびりとした雰囲気の漂うアンコール遺跡なのである。

アンコールワットに船で行くって？殺されるぞ、おまえ！
えっ？何それ
カンボジアのプノンペンではカブ・タイプのバイクがタクシーがわりになっている。
ブブブブブ

むろん、アンコール遺跡周辺はやっと平和な状態を取り戻したばかりで、このちょっと前までは銃弾が飛び交っていた。遺跡にはその跡がはっきりと残っている。そして、今後の情勢いかんでは、再び戦乱状態に逆戻りするかもしれない（その可能性は低いと僕は信じているが）。

だが、いま旅行者たちがカンボジアへ向かうのは、現在のカンボジアの状況をつかみ、今なら行けると判断しているからである。それが一年前でもなければ、一年後でもない。その判断力こそが冒険を回避できる術《すべ》なのだ。

日本ではここ数年のカンボジアを「内戦の国」としてのみイメージし、それに沿った情報を流す。ポル・ポト派の大虐殺、内戦、ボランティアの日本人青年殺害……このような文脈の中でカンボジアを捉《とら》えると、もうそこはどうしようもない危険地帯だ。もちろん僕はまったく危険がないとは思っていないが、カンボジアの国土全域が戦乱のさなかにあるわけではないのだ。だから、カンボジアへ行く旅行者たちが冒険主義の命知らずということではまったくないのである。

面白い話がある。ある旅行者がカンボジアへ行き、日本の友人に絵葉書を書き送った。「カンボジアはいいところだ。アンコール・ワットはすばらしかった」と書いたところ、それを見た友人の母親がこう言ったという。

「お友達、自衛隊に入ったの？」

旅行者たちは、常にこのギャップに悩まされ続けているのである。

この当時、陸路でカンボジアへ入るにはベトナムから行くしかなかったが、現在ではタイから直接入ることができる。近々カンボジアとラオスの陸路国境も開放されるのではないかといわれている。インドシナ半島の国々の国境はどんどん開きつつある。

プノンペンの情報ノート

カンボジアに行ったとき、プノンペンのキャピタル・ホテル付属のレストランで、日本人旅行者の情報ノートを見た。時間があまりなかったので、詳しく読むことはできなかったが、ある人がそれをまるまるコピーしていて、親切にも送って下さった。

『俗物図鑑』という名前のついたこのノートには、カンボジアを旅行する日本人旅行者たちの実に様々な旅の情報、体験談などが書き込んであった。これが普通の情報ノートとちょっと違うのは、カンボジアがまだ戦争の続いている国だからだが、とにかく、旅行者たちの体験はすさまじいの一語に尽きるのである。その中の実例を抜粋して紹介してみよう。

まず、一九九四年三月中旬に旅した大学三年生の女性の記録。

「私はエクスプレス・ボートでシェムリアプに行ってきました。ボートはカヌーを少し大きくした程度のもので、私たちは場所がなくて前の方の屋根がない甲板に座らされました。途中、威嚇射撃されて岸に寄せられたけど、トイレ休憩もなく、ノンストップで十五時間くらいである村に着きました。その漁村でも発砲されて、すごく怖かった。船から陸までは真っ暗な中、小さなボートに移って行った。夜中に動くのは危険だとのことで、その漁村の小屋で一晩を明かしました。結構つらい旅でした。シェムリアプでは、十四日の夜中にポル・ポトの砲撃があって二時くらいにたたき起こされ、外に避難しました。本当に本当に怖かったです」

本当に怖かっただろうなあ。それでもこの人は、この後シェムリアプのアンコール遺跡をしっかり見学し、「とってもよかったです」と記している。

次は八月六日の日付で書かれた男性のもの。

「コンポンソムへ行く人は、タクシーの運ちゃんを選びましょう。できるだけ裕福そうな人を、車、服装で判断しましょう。貧しい運ちゃんの方が値切れるけど、途中の検問（私設）で金（ワイロ）を払うのを嫌がり、たまに強行突破します。おかげで、僕は怒った兵士に撃たれてしまいました。こっちの兵士は威嚇射撃なしでいきなり狙《ねら》ってきます。みなさん気を付けてタクシーに乗りましょう」

何だかこんなすごいことを淡々と書いているが、やっぱりこれは怖い！　兵士の狙った弾が当たらなくてよかったねえ。いやはやなのだ。

カンボジアでは、検問は恐怖の存在らしく、他の人の書き込みにもこのようなものがあった。

「検問所を時々見かけますが、うかつに用もなく止まると金をせびられるので、スピードを落として注意しながら走って下さい。止められたら話を聞き、金を要求されたらディスカウント交渉をしてから支払って下さい。通常、通行料(?)は五百リエルです。ぶっちぎると銃で撃たれることがあります。以前、日本人が撃たれました」

他に次のような危険な観光情報なども載っている。八月二十二日付けの書き込みで、タイトルは「カンボジアのラタナギリ情報」。ラタナギリとは山の名前だ。

「先日、どうしてもカンボジアの奥地が見たくなってラタナギリに行ってきました。飛行機で往復百ドル。片道五十五ドル。約一時間のフライトです。陸路で行く場合は、まず船でクラチまで行き(二十五ドル)、クラチからバスでストゥントレンまで行き、そこから車をチャーターしてラタナギリを目指します。しかし、陸路の場合(船や車の料金を)合計すると五十五ドルでは行けないので、飛行機で行った方が得だと思います。更《さら》に、クラチ〜ラタナギリはポル・ポト派の巣窟で、もし死んでも死体も出てこない無法地帯ですので、是非《ぜひ》飛行機を使って下さい」

よく行ったな、こんなところに。

シェムリアプから陸路でプノンペンへ向かった女性が、カンボジア第二の都市バッタンバンで一泊した。その様子がひとことメモ書きしてあった。

カンボジアの首都プノンペンのレストランに置いてある日本人旅行者たちの情報ノートを読む。

泊ったゲストハウスの50メートル先で地雷が爆発しました。

ひょえ〜っ
う〜ん、やっぱりカンボジアは安全という訳にはいかんなあ。

船が襲撃されて、付近の村へ緊急避難。おかげで3泊4日もかかってしまった。

タクシーの運ちゃんが、検問所を強行突破して、兵隊から狙い撃ちされてしまった。

はろ〜じゃぱに〜ず
レストランに地図やカンボジア語会話集を売りにくる少年たち

「シェムリアプからプノンペンへ一日で行くのは強行過ぎるので、バッタンバンで泊まることをお勧めします。バッタンバンはカンボジア第二の都市ですが、いまだに地雷が残っています。実際、私が到着した夜、ゲストハウスの五十メートル先で地雷が爆発しました」

おいおい、そんなところに一泊することを勧めんでくれい。

というようなわけで、どうもすごい体験ばかり紹介してしまい、読者にはカンボジアがめちゃめちゃ恐ろしいところのように感じられたかもしれないが、まあ、恐ろしいばかりの国ではない。無茶さえしなければ無難に旅行できると思っていいところだ。このノートに書き込んだたくさんの旅行者たちも、結構怖い目に遭《あ》ってはいるものの、それでもカンボジアに来てよかった、カンボジアはすばらしいところだったと感想を書いている。

今のところ、僕は日本人バックパッカーが、カンボジアで大事故に遭った話は聞いていないが、カンボジアをまわる旅行者諸君。どうかくれぐれも気を付けておくれよ。ひたすら一路平安――無事を祈っている。

危険といわれたカンボジアも、現在ではすっかり平和を取り戻し、治安も回復し、旅行者たちは全土を自由に旅できる状態になっている。一九九八年四月ポル・ポトが病死し、各地でポル・ポト派兵士が投降してポル・ポト派は壊滅した。ときには銃撃される危険のあったトンレサップ湖の旅も、今は美しい湖をのんびりと航行することができる。またプノンペンはレストランや高級ホテルが建設され、活気のある街になり、シェムリアプもアンコール遺跡を訪問する観光客でにぎわっている。こういった光景を見ると、やはり平和がいちばんだとつくづく思う。

ロットリング・ペン秘話

このところ仕事に追われる日々が続き、ずいぶん旅行していない気がする。「中南米ぐすたもす」(さいとう夫婦)を読んでいたら、安宿で漫画を描いている風景があって、これには激しく懐かしさを感じた。

以前ある読者から、田舎に行くとヒマでヒマで、夜なんか何もやることがなくて困ってるんですが、みなさんはどうしてるんですか、という便りをもらったことがある。

僕も、さいとう夫婦と同じで、ヒマなときや居心地のいい安宿を見つけたら、そこに長逗《ながとう》留《りゅう》し、手紙を書いたり、原稿を書いたりしている。以前、連載を抱えたまま旅行していたことがあり、原稿を書くのにいい宿があると、二、三カ月分まとめて原稿を書き溜《た》めたものだった。次にいつ原稿を書ける宿が見つかるかわからないし、あんまり田舎だと大事な原稿を投函するのが怖いのだ。

原稿を書くのに適した宿といっても、旅行者として居心地がいい宿とそうたいして変わるところはない。異なるのは次の二つだけだ。

①机があること。寝ながらでも原稿は書けるという人もいるが、僕の場合イラストも含むという条件なので、寝ながらでは描けないのだ。以前、香港のドミトリーで、机がなくてベッドに小さな椅子をのせて仕事をしたら、激しい腰痛に見舞われ、二カ月ほど旅が停滞した苦い経験があった。以来、決して机以外ではモノを書かないという誓いを立てたのである。

②電灯があること。原稿は夜でも書かなければならないので、灯りのない部屋では書けない。アフリカ南部でキャンプ生活していたとき、キャンプそのものは快適で非常に楽しかったが、原稿をまったく書けなかったことが苦痛だった。さいとう夫婦は、自分たちでワット数の明るい電球を持ち歩き、暗い電球の部屋では取り替えていたそうだが、僕もよく二股ソケットを持ち歩いていた（が、付けっぱなしにしてしょっちゅうホテルに置き忘れていた）。

ところで、安宿ほど原稿を書くのに適した環境はない（ワープロが使えないのが唯一の欠点ではあるが）。数時間後に原稿をファックスしなくちゃならないこともないし、書くための題材はそこらへんにごろごろ転がっている。飽きたら遊びにいくのも勝手だし、気分転換など実に簡単。

逆に、原稿を書くのに向かない環境は、楽しすぎる宿である。理由は明快。原稿なんか書いていられないほど遊ぶことに忙しくなるからだ。特に、気の合う旅行者連中が大勢いる宿などは絶対ダメだ。すぐ誰かと遊びたくなるし、だいたいそんな連中に、いま仕事中だからちょっと、なんてかっこ悪いこと言えないよな。

ところで、旅行中、僕はイラストをロットリング・ペンで描いている。このペンはもともと製図用として開発されたペンらしいが、インクが水でにじまず、しかも太さが〇・一ミリから小刻みに何種類もあるので、イラストを描くにも都合がよい。僕は旅に〇・二ミリ、〇・三ミリ、〇・五ミリを持ち歩いている。

しかしながら、このペンは決して安くはない。今だと一本二千五百円くらいする。旅行中に持ち歩くときも、失《な》くさないように注意しなければならない。

なのにだ。あれはアルジェリアを旅行しているときのことであった。大事なロットリング・ペンを妻がホテルに置き忘れてしまったのである。ばかもーん！

怒ったところで出てくるものではないが、ないと困る。代わりに使えるものはないかと、われわれはサハラ沙漠の真ん中にある田舎町の文房具屋へ行ったのであった。

ところが、なんと、こんなド田舎の文房具屋に(失礼)、ずらりとロットリング・ペンが揃っているではないか。すごい！

「ムシュー、コンビアン？(おじさん、いくらですか)」

「カトル・ヴァン・ディラハム(八十ディナール)」

「カトル・ヴァンってことは、八十だから……、え？　八十？」

なんだそれは。八十ディナールということは、日本円にして三百円ちょっとだぞ。そんなに安いのか？

「ムシュー、カトル・ヴァン？」

念のため、僕はもう一度値段を確かめた。

「ウイ、カトル・ヴァン」

やっぱり八十だと言っている。それならおじさんの気が変わらないうちに早く買ってしまおう。

こんな田舎の文房具屋にロットリング・ペンが売っているのも予想外だったが、たった三百円ちょっとで買えたのは、もっと予想外だった。この頃、アルジェリアの闇は銀行の約三倍であった。つまり公定レートで買ったとしても、一本千円もしない。

あとでわかったことだが、ロットリング・ペンは世界各国で販売されており、国によって価格が違うのだ。同じものでも、ネパールで買うのと日本で買うのとでは値段が違い、この場合もちろん日本の方が高い。したがって、公定レートで買ってもアルジェリアの方が安いのは不思議なことではなかったのだ。

しかし、このときわれわれはそんなことなど知らなかった。あれは絶対店のおやじが勘違いしているに違いない。得した得したと喜んでいた。そして、この際だから、もっと買っておこう！　ということになった。なにしろ三百円ちょっとでロットリングが買えるのだからな。

だが、もしおやじが気が付いて、途中で五百ディナールだと言い出したら困る。既に買ったペンの追加料金なんか請求されたらやぶ蛇になってしまう。いや、きっと大丈夫だ、でも心配だと迷いながらも、結局は買いに行くことにした。

「ムッシュー、ロットリング・ペン、シルブプレ（おじさん、ロットリング・ペンを下さい）」

おやじは、また来たのかという顔をしながら、ほいほいとペンを出してくれた。われわれは二種類のペンを合計五本も買った。さあ、いくらと言うだろう。

「コンビアン？」

「カトル・ソン」

やった！　カトル・ソンは四百だ。日本円で千六百円。わーい。

われわれは大喜びで五本のロットリング・ペンを持ち帰ったのであった。以来、われわれは旅行に出るたびに、文房具屋でロットリングの価格チェックを欠かさない。アジアではネパールが比較的安かった。しかし、アルジェリアほど安かったところを他に知らない。

本文に出てくる「中南米ぐすたもす」とは、僕が発行している「旅行人」に連載していたマンガで、『バックパッカー・パラダイス』（さいとう夫婦・旅行人発行）として単行本になった。

ところで、文房具の事情も近年急激に変化している。以前はこの製図用のロットリング・ペンが重宝されていたが、実はこのペン、メンテナンスをまめにやらないと、インクが固まってしまうという厄介さを抱えていた。それがサインペンの性能が急激に向上し、極細から太い線のものまで種類も豊富になり、描き味もかなり改善されたうえに、ロットリングとは比較にならないほど安いので、僕はサインペン（またはボールペン）でイラストを描くようになった。

偉大なる中国の食

久しぶりに中国を旅してきた。僕が旅を始めた頃、中国南部の昆明《クンミン》に行ったことがあったが、そこを再び訪れてみた。ちょうど十年ぶりということになる。

その間、中国はめざましい変貌をとげた。以前は人民服を着た人々がなんだか暗い表情をして歩いており、夜になると真っ暗になって、実にそっけないところだったが、今は夜中までカラオケで騒いでいる（それにしてもカラオケは中国ばかりでなくアフリカでも見かけたほどで、今や世界の娯楽と化してしまったようだ）。人民服などは年配の人が着ているだけで、女性などは超ミニスカート！　人々の顔がすっかり明るくなったのはうれしいことであった。

さて、中国といえば「食」である。といっても、僕はメシを食うために中国へ行ったわけではないし、いわゆる「グルメの旅」にもまったく興味がないのだが、それでも中国というのは果てしなく「食の国」だと思わずにはいられない。「衣食足りて礼節を知る」と言うが、中国人に関しては「衣食足りて礼節を知る前にもっと食う」という感じである。

中国人民
昼メシへ向かうの図
すがすがしくも
にこやかな笑顔
をしていた。

以前の旅行ではパキスタンからクンジュラブ峠を越えて中国に入った。道路たるや実に悲惨なもので、道なき道を乗り越えて、ダイナマイトで道を切り開きながら山岳地帯を突き進まなくてはならなかったが、そこで道路工事をやっていた中国人の光景が今も忘れられない。何もない山の中で作業員がシャベルやモッコを持って働いていたのだが、かたわらに粗末なテントがいくつか張ってあった。そしてその横には簡単なかまどが作られており、直径一メートルはあろうかという巨大な鉄鍋が置いてあったのである。その他にはほとんど何もない。日本ならまず作業員用の宿泊施設とか簡易トイレとかが見えることだろう。台所はその中にあるかもしれない。しかし、中国の工事現場ではいきなり大鍋だ。ああ、中国へ来たのだと、僕はそれを見て感じたのだった。

中国には、ここでなければなかなかお目にかかれない「食の風景」がある。例えば、勤務中に食事をするのもその一例だろう。列車の切符を買いに行ったとき、窓口の向こうで服務員がソバをすすって昼食をとっていた。僕は昼休みなのかと思い、しばらくその前で立ちつくしていたのだが、服務員さんはそれに気が付いて窓口を開き、きちんと切符を売ってくれた。そして業務をこなすと再び食事に取りかかったのだった。

歩きながら食事をするのも中国ならではの風景であろう。町を歩きながら、手に茶碗と箸を持ってゴハンを食べるのである。ハンバーガーやアイスクリームを歩きながら食べてもそ

中国の"食"で、いちばん驚いたのは、
かわいいお嬢さんたちが、歩きながら
食事をする風景でした。
でも、
日本人も歩きながら
ハンバーガーなんかを
食べるしね。
1995

れほどおかしいとは思わないのだから、それがゴハンにとって代わったからといって変に思う必要はないのかもしれないが、やっぱり変なのである。歩きながら箸を動かして、茶碗から野菜いためやゴハンを口に入れられると、どうも奇妙なのである。中国の場合これを数人の団体で、しかも美しく若い女性がやったりするからますます何か変なのだ。

先日の旅行ではこういうこともあった。昼時に食堂から通りを眺めていたら、二十歳前後の男性数十人の団体が、にぎやかに話しながら目の前を通り過ぎて行った。よく見ると、その団体の全員が手に手に茶碗と箸を持っているのである。続いて通り過ぎたやはり二十歳前後とおぼしき女性の団体数十人も、やはり手に茶碗と箸を持っていた。多分、彼らはこれから昼食なのかもしれない。自前の茶碗と箸を持って給食所へ行くところなのだろう。

しかし、この茶碗と箸を持って団体で歩かれると、「食に対する飽くなき執念」というか、異様なまでの迫力を感じさせる。自前の箸と茶碗を持つのは、考えてみればかなり合理的である。無駄がないし、人件費も節約になる。これはいい手かもしれないと一瞬思ったが、日本で茶碗と箸を持って町を歩くのはやっぱり嫌だなあと思い直して、この考えを三秒で放棄した。もしかして彼らは、再び団体で食事しながら町を歩くのだろうかと危惧《きぐ》したが、その光景には出会うことはなかった。

それにしても、中国の食事は圧倒的に豊かだと僕は思う。町の食堂に行けば野菜や肉がいつも豊富に揃っていて、それを普通の庶民がばりばり食べている。テーブルの上に三皿四皿並んでいることも決して珍しい光景ではない。野菜いためなどは一皿二十〜四十円だから、これは中国でも庶民的な料金といえるのではないかと思う。

こういった料理がこんな値段で豊富に種類多く揃っているのは、何といっても中国が一番ではないだろうか。旅行者にしてみればこんな楽なことはない。欧米人旅行者は漢字が読めないのでメニューを判読できず、ネギ料理ばかり何皿も注文して困っているなんてこともあるようだが、漢字の読める日本人旅行者は無敵である。ソバもギョーザも肉マンも野菜いためも麻婆豆腐も何でもあるから、中国の旅は楽勝の一語につきる。

僕が中国庶民料理を食べながら思い出したのは、西アフリカの旅のことだった。あのときは路上の屋台で貧乏人たちが十円単位の金を握りしめて最低最悪のメシを食わされていた。「アフリカの食文化」という以前の食事である。それは、味もまずくて栄養もあるかなしかの、泣きたくなるような食事の風景だった。中国の食堂でメシを食っていると、あのときと同じような値段でこんな豪華なものが食べられるのが信じられない気がしてくる。あいつらにこれを食わせてやったら、西アフリカでももう少し中国人の株が上がるのではないかと、妙なことを考えてしまった。

中国は今でも激しく変化しているが、例えば食に関しては、北京、上海といった大都会には、マクドナルドなどのファスト・フード店ができたり、「マキシム・ド・パリ」のような高級フランス料理店が開業したりしている。こんなことは個人旅行ができるようになった一九八〇年代には考えられないことだったが、これからも中国はますます変化していくのだろう。

それから、パキスタンから陸路で中国へ入るクンジュラブ峠ルートは、舗装道路が完成し、かなり快適な旅が楽しめるようになっている。

南アの列車で会った黒人と白人

　ある日新聞を読んでいると、南アフリカ共和国（以下『南ア』と略す）でいよいよ総選挙が実施されるという記事が目にとまった。アパルトヘイト撤廃、黒人を含む全「人種」参加の総選挙へ向けて南アが進み始めたばかりの頃だ。

　その記事を読んで、僕は南アの列車に乗っていたときに話しかけてきた二人の男のことを思い出していた。一人は黒人、一人は白人であった。

　その列車はヨハネスブルクからケープタウンへ向かう列車だった。南アの列車は一等から四等まであり、アパルトヘイトの諸法律がなくなるまでは、一、二等が白人専用、三、四等は黒人（非白人）用になっていたという。一、二等と三、四等では乗り込むプラットホームが離れて造ってあり、白人と黒人が顔を合わせずにすむようになっていた。僕が乗ったのは二等だが、現在では金さえあれば黒人でも一、二等に乗ることができる。

　その二等のコンパートメントに座っていると、われわれ東洋人の姿を物珍しそうに見ていた一人の黒人青年が話しかけてきた。

「ハロー、ちょっと話をしていいか？」

「どうぞ」

「君はどこから来たんだ？」

「日本だよ」

「日本！　へぇえ、日本人か。珍しいな。僕はケープ州に住んでる。大学生だ。SNCCのメンバーだ」

SNCCとは何なのか、僕はまったく知らないので、それは何かと尋ねると、彼は反アパルトヘイト運動の組織だとか、黒人解放組織だとか、そのようなことを答えてくれたのだが、早口で南ア風（？）の英語を、僕は半分も理解することはできなかった。

「日本人はネルソン・マンデラを知っているのか？」

「知ってるよ」

「じゃあANCのことをどう思ってるんだ？」

こんな質問をいきなりされても困る。読者も御存知の通り、ANCとはアフリカ民族会議のことで、長年南ア白人政権と戦ってきた組織だ。当時ネルソン・マンデラ（前大統領）の指導のもとデクラーク政権とアパルトヘイト完全撤廃の交渉を続けていた。その組織や行動について、この僕が「日本人がどう思っているのか」なんて質問に答えられるわけがないではないか。

「わからない」と僕は答えた。

男はがっかりしたような顔をした。もしかしたら、ANCは正しい、戦い抜いて白人政権を倒すべきだ、と答えてもらいたかったのかもしれない（そういう顔をしていた）。もちろんそう考えている日本人は多いことだろうし、僕だってそれに賛成だ。しかし、そんな質問に日本人を代表して答える気にはとてもなれなかった。

それから男は、日本ではラジカセやトヨタはいくらするんだとか、日本の人口は何人だとか質問してきたが、僕は彼の早口の英語と質問にうんざりして、いいかげんなことばかり答えていた（だいたいラジカセやトヨタの値段なんか知ったことではないのだ）。男は早々に引きあげて行き、僕はほっと息をついた。

しばらくすると、今度は白人の若い男がやってきた。いかつい身体《からだ》をした赤ら顔の男である。なんだか少しばかり酔っぱらっていた。

「よお。おまえはどこからきたんだ」

というような感じで話しかけてくる。そのくせこの男、英語がまるで話せないのである。よくもこれで外国人に話しかける気になったものだとあきれるほどだったが、とにかく話したいことがあるらしい。いくつかの英単語とアフリカーンス語を交えて、懸命に話しかけようとするのである。隣の白人がときおり通訳してくれた。

「おれはケープタウンに働きに行くのだ」

「ほお、何をして働くんだ」

「漁師だ。パパの友人が漁師をやってる」

「なんでまた突然漁師なんぞを」

「聞け、おれのパパは偉かったんだ。土地をたくさん持ってた。百七十万ラント（当時の日本円でおよそ七千六百五十万円）の富豪だったんだ。土地もたくさんあった」

男はここで感きわまったふうだった。

「だがパパは悪い奴にだまされて倒産しちまったんだ！　全部パーだ。百七十万ラントだぞ。くー」

「それで、おまえがケープに働きに行かなくちゃいけなくなったわけ？」

「そうだ。百七十万ラントはもうないんだ」

「そんなこと言ったって、もともとおまえの金じゃないだろうが」

「パパの金だ。おれは息子だ。同じことじゃないか。百七十万ラントだぞ！」

「おまえなあ、そんないい身体してて、何を泣き言いってんだよ。百七十万ラントなんかたいした金じゃねえ。東京だったら小さな家一軒買って終わりだ」

日本人はANCをどう思ってるんだ??
ネルソン・マンデラって知ってるか?
日本じゃラジカセっていくらするんだ?
トヨタはいくらでうってるんだ?
日本の人口は…
170万ランドー
うるせーなー
なさけない奴……

「南アじゃ大金なんだ」

「そりゃ、そうだな。だけど失くなっちまったものはしょうがねえだろ。大丈夫だよ、おれだってそんな金持ってないけど何とかなってるんだ。おまえのその身体があれば、たいていのことは何とかなるさ。がっかりしてないで、ケープで一所懸命に働けよ」

「……本当に大丈夫だろうか」

「大丈夫だよ、心配すんな」

「……日本人、おまえはいい奴だ、どうもありがとう、おれはがんばるよ。ありがとう、ありがとう」

男は最後に僕に抱きついてキスをしやがった。

実に疲れる列車の旅ではあった。アパルトヘイトのなくなった南アで、あの黒人と白人は今頃どうしているのだろうか。

【第二章】私は方向音痴である

私は方向音痴である

　もしかして読者の中には僕のことを、旅のベテランだから、海外に出てもすいすい旅してまわっているとお思いになっている方がいるのではなかろうか。

　だとすれば、それは大きな誤解である。

　実は、僕はひどい方向音痴なのである。

　僕の方向音痴は、長い旅の間に多少は改善されてきたものの、しかし元があまりにひどい方向音痴だったので、やはり今でも道に迷うことはなはだしい。

　旅を始めたばかりの頃、旅行記やガイドブックを読むと、よくこのようなことが書いてあって、僕はそれにひどくあこがれたものだった。

「とにかく街へ飛び出そう。人々の中に混じって雑踏を歩くと、街の雰囲気がつかめてくる。そうするとそこはもうあなたの街となる」なんて具合いの文章だ。

　これはその通りなのかもしれないと僕も思う。ただし、それは街を歩きまわるのが上手な人の場合の話なのだ。これを方向音痴の僕がやらかすと、とにかく街へ飛び出したはいいが、人々のいるにぎやかな雑踏に紛れるつもりが、いつのまにか誰もいない人影もまばらな閑散としたところに入り込んで、全然面白くなんかないうえ、元の場所に帰ろうにも帰れなくなり、歩けば歩くほど深みにはまってぐったりと疲れ、不機嫌になって何だこの街はバカヤロー！　ということになってしまうのである。

僕の友人にはものすごく方向感覚のいい奴がいて、こいつと旅したときなど、初めて来た街なのに全然道に迷わずに歩きまわるので本当にびっくりしたものだった。彼の様子を見ていると、おおまかに東西南北の方向をあらかじめつかんでおり、右へ曲がっても左へ曲がっても、とりあえず北へ進んでいるから違う道をふいに歩いても問題なしという判断を下しているらしいのだ。だから初めての道でも気ままにほいほいと入っていって、ピタリと目的の場所にたどり着いてしまうのである。

僕にはこんなことは全然できない。だいたいあらかじめ東西南北の方向をつかむことなど夢のような話ではないか。手元に磁石があるわけでもないし、東から上がって西に沈む太陽の方向だって、日中はほぼ真上にあるのだからちっとも参考にならない。地図を広げても、自分が今いる道のどの辺にいて、どっちの方向を向いているのかをつかむのさえ苦労なのだ(僕の場合、地図で自分の位置が確認できても、目的の方向と反対へ歩いてしまうことが往々にしてあるのだ)。

このような方向感覚のいい人間と一緒に旅していると、本当に旅は楽なのである。黙って彼の後をついていけば目的の場所に到着できるのであるから、途中の風景も存分に楽しめるし、あれこれ思い悩むことがなくて疲れが十倍は違う。

これが自分一人で歩くと、もう大変である。なにしろ自分の方向感覚がまったく信用できないので、初めに自分の目的の場所を地図で充分確認したうえ、その道が面白かろうが面白くなかろうが、できるだけ単純な順路を設定し、歩くときは地図を片時も離すことなく自分の進んだ地点の確認に追われる。これは本当に疲れるし面白くない。

そのうえ、重いリュックなんか背負っていたりすると悲劇である。歩きまわるどころの話ではない。途中で旅をするのが嫌になってくる。

したがって、僕は初めての街に着くと、まず荷物を降ろすことを考える。それにはホテルの部屋を確保するのが一番だ。列車やバスの中であらかじめ地図を見て、今日、自分がどのホテルに宿泊するべきかの大方針を決定しておく。そして街に到着したら、何はさておいても一直線にホテルを目指すのである。

そして、部屋に荷物を降ろして地図を広げ街の様子を探る。自分のホテルを中心にして、どこをどう歩くべきかを決定する。ホテルが決まってしまえば、あとはそんなに焦る必要はないのだ。もう重い荷物をかかえて歩かなくてもいいのだから、多少道に迷っても問題ない。

くっそー
ここらへんに
ホテルが
ある筈
なんだけ
どなあ
ないじゃ
ない
かー
はあっ
はあっ
はあっ

ホテルの名前さえ忘れなければ、道に迷っても誰かに聞いて帰ってこられる（したがって外出する前にホテルの名刺を必ずもらっておく）。

それから徐々に自分の行動半径を広げていく。最初はできるだけ近いレストランで食事をし、次にもうちょっと遠いホテルの様子なんかを見に行ったりする。街の大きさにもよるが、そこに三日もいれば大体の様子はつかめてくるものである。

だから僕の旅はやたらと時間がかかってしまうのだ。しかし、この方向音痴を飼いならすには手間と時間をかける以外、僕には方法がないのだ。ホントに疲れることではある。

「旅のベテラン」はこのようにして旅をしているのだよ。トホホ。

言葉はなくても旅はできる

よく聞かれることなのだが、旅に出て言葉はどうするんですか？　と、先日ある取材でまた尋ねられた。

僕は日本語と少しの英語しか話せない。その他の言葉は出たとこ勝負でまかなっている。それで何とかなるときもあれば、何ともならないときもある。

何ともならないときはどうするのか、というのが質問者のもっとも気がかりな点なのだと思うが、何ともならないときは何ともならないのだから、何もしようがない。ほっとくのである。もしくは、あきらめる。

それでいいのか？　それで無事に旅は進むのか、という点がまたしても気がかりだとは思うが、何とか進めるしかないではないか。

しかし、言葉が通じないというくらいで、ものを盗まれる程度のことはあっても、命を取られることはない。まてよ、アメリカでは「フリーズ」という言葉がわからなくて殺された日本人もいたな。だが、あれは言葉がわからなくて命を落としたという点では例外中の例外であろう。普通、どこでも命を取ろうというときは、言葉が通じる通じないはほとんど関係ないものだと思う。

というような大原則で旅をしている者にとって、言葉がわからないからとても困って旅を続けられませんでした、なんてことはありえない。言葉なんてわからなくて当たり前だと思っているので、そんなに気にしないのだ。

では、どういうときに困るのか、先日ひさびさにほとんど英語の通じない国を旅した体験に沿って述べてみることにしよう。

その国とはラオスである。ここはつい最近までずっと鎖国していて、旅行者が立ち入ることがなかなかできなかった。したがって、ツーリズムも発達しておらず、英語の話せる人があまりいない。

と思っていたのだが、意外なくらい英語を話せる人がいたので、こちらの方が驚いたのだが、まあ、それでも普通英語は通じないと言っていいだろう。

そういう場合、僕はこれまで即席の現地語版「虎の巻」を作って、片言の言葉で会話してきた。今回はその準備をする間もなく、旅行期間も短かったので、成り行きにまかせることにした。

その結果、言葉（今回の場合ラオ語）がわからなくて最も困ったのは、船の予約であった。

僕はルアンパバーンという町からフェイサイという町へ、メコン川を上って行くつもりだった。それで、切符を買わなくてはならない。一言もラオ語が話せない状況で僕がどのようにして切符を買ったのかというと——。

まず初めに船着場へ行った。このとき僕は、Tくんという大学生と一緒で、二人で船を探すことになった。そこで、近くの人に「フェイサイ、フェイサイ」と連呼した。これだけで、「私はフェイサイへ行きたいのだが、どの船に行ったらいいのか」と語っているに等しいのである。その人は、その意を直ちに理解し、「あっち、あっち」とある船を指さした。どうやらそれがフェイサイ行きであるらしい。

その船へ行って再び「フェイサイ、フェイサイ」と連呼すると、船員が、「そうだ、そうだ」とうなずく。しめた、これでまんまと見つかった。

と思ったが、船にはもうぎっしりと人が乗り込んでいる。今にも出発しそうな雰囲気だ。それはまずい。僕がフェイサイへ行くのは明日なのだ。明日出る船はないのか。

僕は、フェイサイ行きの船は毎日あるのではないかと予想していた。地図を見ると、今いるルアンパバーンはメコン川北部流域の町としては大きい方で、これに匹敵するか、これ以上の町といえば首都ビエンチャンか、もしくは目的地のフェイサイくらいのものである。そして船着場には、そこそこ大きな、つまり長距離用の客船が何隻《せき》も停泊している。ということは、これらの船は大方ビエンチャンかフェイサイ方面へ向かうのであろう。だから、毎日一隻くらいはあるだろうと思ったのだ。

次の日の朝に再び船着場へ向かった。また「フェイサイ、フェイサイ」の連呼。するとある人が建物を指さした。もしかしたら、あそこが切符売り場なのかもしれない。

建物に入ると、中には机があり、役人のような人が座っていた。英語で話しかけてみたが、この人も英語を話さない。またまた「フェイサイ、フェイサイ」と連呼。この人も直ちにそれを理解し、ナントカ、カントカとラオ語で説明し始めた。いかん、ラオ語はわからない。苦笑いしていると、役人風の男は、確かめるように「フェイサイ?」というので、英語で「イエス、イエス」。すると彼は切符を売ってくれ、近くにいた男を呼びつけて何事かを説明した。それから、僕が支払ったお金のほぼ全額を男にわたし、男を指さして、ナントカ、カントカと言う。男は僕に「こっちだ」という顔をするので、それに付き従い、向かったところがフェイサイ行きの船だったというわけだ。僕はめでたく目的の船に乗ることができたのだった。

今回の旅で、言葉がわからなくて最も困ったのがこの程度である。あとは、ほとんど誰かが片言の英語を話し、あるいは話さなくても理解してくれ、まったく困ることなどなかった。

もちろんTくんが情報を集めてくれたことも大きい。僕一人だけだったら、船を見つける

フェイサイ
フェイサイ

のにもう少し手間取ったかもしれないとは思うが、だからといって窮地に立たされるほどではない。このことをいくら説明しても、いや、言葉が通じないところへ旅行するなんて大変でしょう、と必ず言われるので、もしかしたらこちらの方がよほど言葉が通じていないのではないかと思う今日この頃なのである。

お断りしておくが、だから旅に言葉など必要ないと僕は言っているのではない。ただホテルに泊まり、バスに乗り、船を捕まえるくらいのことに、達者な語学力が必要なわけではないと言っているだけだ。そして、それだけで一応旅は進行する。

それに、地元の人々は、旅行者を困らせようとして待ちかまえているわけではなく、自分たち流の親切心や好奇心で近付いて来るだけだから、旅行者が言葉がわからなくて困っていれば、基本的には助けてあげたいと思っている（注：あまりにも多くの観光客が訪れる有名観光地はこの例に当てはまらない。だが、そういうところはほとんど英語が通じる）。したがって、旅をするだけならほとんど問題は生じない。いや、旅をやめなければならないほどの問題は生じないと言うべきか。

しかし、人は言葉を欲するものなのであるし、話さないと人が何を考えているのか、何を言いたいのかは、なかなか理解できない。だから、せめて僕は英語くらいはきちんと話せるようになりたいと常に心がけている（ただ、努力はしていないが）。

というわけなので、言葉はなくても旅はできる。旅ができたら言葉は持つべし。これが今回の結論なのである。

当時、旅行者が入れるようになったばかりだったラオスも、今は多くの旅行者が訪れるようになっている。首都ビエンチャンにもホテルやレストランが増え、旅をするのもぐっと楽になっているが、タイやベトナムのような他のインドシナ半島の国々が激しく変化しているのと比べると、その変化は緩やかで、まだ穏やかな雰囲気を失っていない。ビエンチャン市内でも英語を話す人はそれほど多くはない。

僕は「放浪の旅人」などではない

先日、ある雑誌の人からインタビューを受けた。インタビュアーには、長い間海外を旅している人間に、ある決まったイメージがあったようだ。それに沿った質問をいくつか受けた。

「観光地なんか行かないんでしょう？」とか、

「ホテルに泊まらないで、地元の人間の家に泊まったりするんでしょう？」とか、

「積極的に地元の人々と交わるにはどうしたらいいんですか？」などなどである。

僕の答えはいずれの質問にも「否」なのであった。僕は観光地にばんばん行くし、地元の人の家に泊まったことなどあまりないし、こちらから地元の人間に積極的に交流を結ぼうとしたこともあまりない。そのインタビュアーは、がっかりしたような顔をして、

「それじゃ『放浪の旅』ってわけじゃないんですね」

と言った。

長い間旅している人間の中には、確かに観光地にまったく行かない人もいるが、それは少数派である。僕などは遺跡や旧跡を見るのが最大の楽しみの一つなので、そこを目指して旅

をする方が多いくらいだ。

さらに、ホテルに泊まらないで地元の人の家を泊まり歩くことなど、僕にはとてもできない。そのような経験がないわけではないが、一般家庭にお邪魔すると気を遣《つか》わなければならないので疲れるのだ。もともと僕はだらしない旅の日常を送っている人間であり、そんな姿を人前にさらけ出したくないし、相手に合わせて生活するのも苦手である。したがって原則的に僕の泊まるところはホテル以外にない（例外的に野宿ということもないではないが）。

それから、これが最も意外な顔をされたことだが、僕は旅の途中で、こちらの方から積極的に交流を結ぼうとすることなどない。僕はよく「現地の人々との温かい交流」を描いていますね、と言われるのだが、結果的に「温かい交流」になってしまっただけで、僕の方から積極的にそれを求めたわけではないのだ。

もちろん現地の人々との交流を拒否しながら旅しているのでもない。話もすれば一緒にタバコも吸う。しかし、それは「積極的に交流を求めた」のとはちょっと違う。ごく自然にそうなってしまった場合はそうなるだけなのだ。

考えてみて欲しい。例えば、地元の人と交流をしたいからといって、見も知らぬ誰かに話しかけたりできるものだろうか？　できる人もいるのかもしれないが、僕にはできない。僕にできることは、見知らぬ地元の人間に道を聞いたり、ものの値段を尋ねたりすることだ。

そのようなとき「おまえは日本人か？」と聞かれるので、そうだと答えると、そうかということで話が始まる。しかし、話がしたくて道を聞くわけではないし、交流を求めて値段を尋ねたりはしていないのだ。初めから「温かい交流」を期待することもない。戦いが始まるかもしれないからだ。

旅は確かに非日常的な行為だけれども、何から何まで日常からかけ離れているわけではない。自分の日常から考えて、それとまったくかけ離れたことをしようとしてもうまくはいかないものだし、無理が生じる。無理を重ねていくと、旅は苦しくつらいものになる。

僕は旅に苦行を求めているわけではないので、そのようなことはしない。簡単に言ってしまえばそれだけのことだ。「旅人」とは自分たちとまったく違う世界に生きているという幻想のようなものがあることは僕も認めるが、違うところもあれば違わないところもある。その人次第であり、そう言ってしまえば、実は我々の日常に生きている人々の生き方だってやはりそうではないのか、と僕は思う。

「旅人」というロマンチックなイメージを前面に出して自分の旅行記を書くどこかの作家は、「名もない村」へ「放浪」することが「旅」だというが、僕の旅はそんな「ロマンチック」なものではない。名もない村などこの世界にはないことを僕は知っているし、あてもない放浪などできないことも知っている。もし本当にあてもなく、パスポートも捨て、国籍も捨て、日本に帰ってきて本なども書かず、印税もあてにせず、世界をさまよっているのだとしたら、それこそ「放浪」であるだろう。

しかし、「放浪の旅人」を気取り、内実のないロマンチックな旅人のイメージのみを語るのは、ほとんど人々の無知につけこんでいるとしか言いようがない。世界を本当に放浪するとすれば、それはおそらく迫害と受難の道のり以外の何物でもないだろうからだ。そんな覚悟もなく「放浪」の名を語ることはできないのだ。

「放浪」などという言葉は決してかっこいいものでもなければ美しいものでもない。ひたすらつらく苦しいものなのである。僕は決してそのような「放浪の旅人」などではないのである。


あいかわらず「放浪」を謳い文句にした旅の本は多いし、ちょっとした旅にも「放浪」と呼ぶ人は多いが、こういう「放浪」とは、パックツアーじゃないだけだったりする。一時ちょっと上手、少し有名というだけで「カリスマ」と呼ぶのが流行ったのと同じで、なんとなく便利な言葉だったのだ。今となっては、ムキになって「放浪ではない」と否定したのがばかばかしいぐらいであるが、それでも「放浪」気取りの作家の書くことは今でもまったく信用していない。

出入国スタンプが欲しいのだ

海外旅行をすることは、必然的に国境を越える行為でもある。僕はこれまでさまざまな国境を越えてきたが、その国境とそこでの出入国の話をちょっと書きたいと思う。

先日の新聞に面白い記事が載っていた。中国とラオスの国境の一部が最近やっと確定したという。ところが、確定したばかりの国境線のど真ん中に、ある中国人の農夫が家を建てていたのだそうだ。その農夫は、取材にきた中国人の新聞記者を、中国側の部屋に座らせる気の遣いようだったというからおかしい。

家の真ん中に国境線がある風景を、僕はかつて韓国と北朝鮮の国境で見たことがある。その家は普通の民家ではなく、「軍事停戦委員会会議場」という長くて難しい名前の会議場で、南北朝鮮の停戦協議をする場所であった。部屋の中央にテーブルが置いてあり、その中央にマイクが設置してあった。マイクのコードがテーブルの中央を正しく横断し、そのコードの指し示すラインこそが南北の境界線となっていたのである。

考えてみれば、これもずいぶんとおかしな風景だ。農夫が気を遣って、中国人の記者を中国側の部屋に座らせたのと同じくらい滑稽《こっけい》ではないか。

旅行者が越える国境の場合、一本のラインで直ちに国が変わることはない。つまり、国境には国と国の緩衝地帯が設けられており、A国のイミグレーションでパスポートに出国スタンプを押してもらってから、B国のイミグレーションで入国スタンプを押してもらうまで、たいていは数キロの空間がある。この空間は、厳密に言えばABどちらかの国に属する領土のはずだが、われわれ旅行者は、すでにA国を出国しており、B国にはまだ入国していないという、はなはだ中途半端な状態なのである。

ある旅行者から聞いた話だが、その人はバングラデシュからインドへ入国しようとしていた。普通の旅行者ならバングラデシュ～インドを出入国するとき、バングラデシュ南部の国境を越え、そこからインドに入るものだ。ところがこの人、何を思ったか、北部から国境を越えようと試みたという。

別にそれが問題であるというのではない。そこがすんなりと通れればの話だが。旅行者が普通使わない国境には、それなりの理由があるのであり、すんなりと通れるのなら、そのことは旅行者の間に知れ渡っているものだ。しかし、彼は敢えてそれに挑んだのである。

「で、通れたんですか？」

「バングラデシュを出るのは簡単でした。全然問題なくあっさり出国したんですよ」

「へえー」

「バングラデシュのイミグレーションを抜けると、あそこはもう何にもないんですね。リキシャ（三輪自転車タクシー）もいなくて、山道を二、三キロ歩くんですよ。そうするとやっとインド側のイミグレがあって。重い荷物を担いでようやくたどり着いたんですが、イミグレの役人がおれのパスポートを見て、日本人か、スタンプが押してないからここは通れないって言うんです」

「ありゃまあ。バングラデシュの出国スタンプですか？」

「いや、それはちゃんと押してもらったんですが、他にも何かスタンプが必要らしいんです。とにかくスタンプがないからダメの一点張りで通してくれないんです。それはどこでもらえるんだって訊いたら、バングラデシュの国境だって。もう冗談じゃないですよ。せっかくそこまで歩いてきたのに」

「それで、どうしたの？」

「しょうがないから、また歩いて帰りました。でも、もう一度引き返す気力が起きなくて、バングラデシュに戻りました」

「それって問題ないの？　もうバングラデシュを出ちゃったんでしょう？」

「問題は問題なんですが、何とか説得して入れてもらったんです。やっぱりあの国境はだめ

停電だからスタンプはできん
全然ヤル気のないマリの役人氏
しかし、今から考えれば、どっちみちスタンプなど必要なかったのだし、暗闇の中でスタンプなんぞを探すのが面倒だった役人の気持ちもわからなくはないのお。
1994

ですね」

これはある意味で幸運な例と言えるかもしれない。普通は出国スタンプを一度押されたらもうアウトだ。

僕は西アフリカのマリで、入国スタンプを押してもらえなかった経験がある。ブルキナファソという国からバスでマリへ入国したのだが、イミグレーションをきちんと通過し、おざなりながら荷物検査が行われたにもかかわらず、係員が入国スタンプを押してくれないのである。

マリへ入国するにはビザが必要だ。ビザには必ず滞在期限がある。ということは、入国した日付の入ったスタンプがなければ、ビザの切れる日がわからないことになる。それでは困るのではないか。僕が直接困ることはないが、出国するときに、そのことでイミグレーションの役人からクレームをつけられるのが嫌なのだ。

それを恐れて、僕は入国時、役人にスタンプを押してくれるよう懸命に頼んだ。ところが、最初の役人は、スタンプがあるのは次の場所だと言い、次の場所の役人は次の大きな街の警察に行けと言い、警察の係官は停電だからスタンプを押せないと言うのである。いったい停電とスタンプにどのような関係があるというのだ！

結局スタンプは押してもらえなかった。われわれのような外国人旅行者はそのことに神経質にならざるをえないが、西アフリカ諸国にはもともと出入国手続きを簡便化する国家間協定がある。僕につきあって役所や警察に引っ張りまわされた地元の人々から、もういいかげんにしてくれとスタンプ獲得を断念させられてしまったのである。

で、マリ出国のとき、僕のパスポートを見たイミグレーションの役人はどうだったかというと、これがまったく問題にしなかったのであった。というより、パスポートの中のビザも何も見ずに出国スタンプを押したのだった。ああ、よかった。

このようないいかげんな出入国管理ですんでいることが僕には驚きだったが、それをある旅行者に話すと、このあたりはほんの数年前まで、ビザはおろかパスポートさえほとんど必要のないほど自由に行き来できたという。

う〜む、そうか。これでも出国スタンプを押すだけきちんとしてきた方なのだなあ。

これも僕の友人の話だが、彼は南太平洋のトケラウ島というところへ行った。ここはニュージーランド領なのだそうだ。といっても人口五百人、車といえばトラクターが一台しかないような島らしいが、ともかく彼はこの島に入国した。係のじいさんに入国スタンプを押してくれと言うと、そのじいさんはこう言ったという。

「いまスタンプのインクが切れているから、暇なときに立ち寄ってみてくれ」

結局、友人が入国スタンプを押してもらえたのは、そこを出国するときだったそうだ。

僕が飛行機を嫌いな理由

外国へ旅行するとなると、たいてい飛行機でビュンと飛んで行くことが多いのだが、僕は実はあまり飛行機が好きではない。何故かというと、

①怖い
②料金が高い
③何となくつまらない

などの理由からなのである。

時間がない人は、移動にどうしても飛行機を使わざるを得ないだろうが、僕の旅はたいてい時間だけはたっぷりあるので、飛行機を使う必要がない。それで基本的には陸路をズルズルと這《は》いずりまわって移動することにしている。

いつもそうやっていて思ったのだが、飛行機の旅と陸路の旅では、旅の印象がずいぶん違ったものになるということであった。陸路の旅は、当然のことながら、飛行機より時間がかかるうえ、いろいろとつらいことが多い。そして時として、かなり退屈でもある。

安いのだ、と思っても、
つい値切るのを
やめることのできない
わたし
5ルピー
リキシャ
3ルピー
じゃ
3ルピー

陸路の方がいろいろな事件が起きて面白いのではないか、と思われる方も多いかもしれないが、必ずしもそうとは限らないのである。例えば、三日も四日もかけて走る列車の景色など、初めの半日はワクワクしても、すぐに飽きてしまう。おまけに節約のために二等席ということが多いので、混《こ》んでいたり盗難に気を付けなければならなかったりで、いろいろと大変なのである。

それでも僕は体力と気力のある限り陸路の旅をやめないだろう。何故か。

僕は旅はスピードが大切なのだと思っている。乗り物には様々なスピードがあるが、僕にとって飛行機はあまりにも速すぎるのだ。バスは遅いので退屈することが多いのだが、退屈さを僕はそれほど嫌ってはいない。ヒマでヒマでしょうがなくて、あくびを千回ぐらいすると、やっと旅の進行時間になじんでくる。そんなとき初めて、自分は旅をしているのだなあと実感するのだ。

例えば北京《ペキン》から上海《シャンハイ》まで千五百キロの道のりがある。飛行機で飛べばわずか三時間の距離だが、列車で行くと二泊三日の旅である。千五百キロの移動時間が三時間では、僕にとっていかにも短すぎるのである。しかし三日ならピンとくる。確かに三時間で行くのは便利には違いないが、千五百キロの距離を実感できない。ということは、そこを旅行したことにならない。

三日間の旅行中、僕は次々に通りすぎる様々な生活の風景を眺めるだろう。気候が変化すること、言葉が変わっていくこと、いろいろなことを感じながら、充分に納得して上海に到達できるのである。それが僕にとって旅そのものなのだ。

さっきも書いたように、それが必ずしも面白いとは限らない。逆につまらないことも多い。しかし、それは仕方がないのだ。何をやったって面白いこともあれば、そうでないこともある。全部ひっくるめて、ああ面白かったなあと思えるのが陸路の旅なのである。

旅をする目的は様々だ。じらされてじらされて、やっと目的地にたどり着いたときの快感は、えも言われぬものがある。山を登る人が飛行機で頂上に行かないで、自分の足で登りつめるのと、ある意味でおんなじですね。

ならば僕も歩いて行けばいいのではないか、と思うのだが、さすがにそれは無理なのである。日本人旅行者の中にはリヤカーを引っ張ってサハラ沙漠を越えたりする人もいるが、僕がこれをやったら、ここで読者に再びお会いすることはできないだろう。人それぞれ、地に足のついたやり方があるのだと僕は思う。

金のないビンボー旅行者の間には「掟《おきて》破りの航空機」という言葉があって、陸路で行けるところを飛行機を使うのは「ルール違反」ということになっている。大方は金のないところからくる「ひがみ」なのだが、飛行機を使ってビュンビュン旅行されると、その人とは旅のスピードがあまりに違いすぎて、ゆっくりと出会うことができないのである。それを残念がっているのだと僕は解釈している。

旅はできるだけゆっくり行きましょうよ。

飛行機についてのあれやこれや話

この前、新聞を読んでいたら、シンガポール航空の飛行機に乗っていた酔っぱらいの日本人中年男性が、スチュワーデスのお尻を触って訴えられたという話があった。アホな奴だと思う反面、シンガポール航空のスチュワーデスが「触ってもいいよ」と言ってくれたら、僕だって触っちゃうだろうなあと思う。それほどシンガポール航空のスチュワーデス及びその制服は色っぽいのだ。

まあスチュワーデスもスチュワードも色気で売るよりも、てきぱきとサービスをしてくれた方がいいのだ。昔フィリピン航空に友人たちと乗ったとき、スチュワードが仕事をそっちのけにして、大胆に友人の女性に迫ってくるので困り果てたことがあった。友人の女性二人は大変美しい人々だった。スチュワードは彼女たちに蘭の花を持ってきたり、特別ドリンク・サービスをしたり、しきりに席にやってきて話し込み、住所を聞き出そうとし、最後には自分の泊まっているホテルの電話番号を渡そうとした。われわれ日本人男性がすぐ横にいるのにである。しまいには僕が（彼女たちに頼まれて）「彼女は私の婚約者である。手を出すんじゃないよ」と言わねばならなかった(しかも僕の横には妻がいた)。この積極さというか図々しさにはホトホトあきれた。

僕は何回も飛行機に乗っているが、サービスはいいときもあれば悪いときもある。いつも安チケットで乗っているので、多少サービスが悪くてもあまり気にしたことはない。よければラッキーだと思う程度で、どの飛行機に乗っても食べきれないほど食事を出してくれるし、頼めば飲物もくれるし、深く不満を抱いたことがない。ただ、やたらと出発が遅れたりするのはかなわんが。

以前パキスタン航空でこんなことがあった。機内食が出て、それを食べ終わる頃、乗客が食べ終わった機内食のトレーを、勝手に後ろの準備室に戻しにいくのである。スチュワーデスが、引き取りにいくまで自分のテーブルに置いておくようにといくら注意しても、彼らは構わず運んでくるので、狭い準備室は汚れた食器で一杯になってしまった。スチュワーデスはかんかんに怒った。そして、それらのトレーを再び座席に戻し始めたのである。乗客は驚いて抗議したが、彼女たちはそれをいっさい受け付けず、ガンガンと音をたてながら配り終え、再び今度はそれを回収せねばならないのだった。なんだか幼稚園のガキにものを教えているようなものではないか。スチュワーデスというのはつくづく大変な職業だと思った。

これまでの飛行機でいちばん驚いたのは、ビーマン・バングラデシュ航空に乗ったときの

バスに乗り込むと、待ちかまえた
係員が、酒とタバコを受け取る。
酒はジョニ黒、タバコはスリー
ファイブというのが定番だとか。
サンキュー!

ことだ。バンコクからダッカを経由してカルカッタに行く、アジアの旅行者にはおなじみのルートである。飛行機が真夜中にダッカに着くと、乗客はそこで一泊することになっていた。飛行機を降りると、乗客は全員ホールに集合させられ、空港の職員から次のような説明があった。

「乗客の皆さん、あなた方はウイスキーを一本、タバコを一カートン免税で買う権利があります。私がここでお金をお渡ししますので、このお金でそのウイスキーとタバコを買っていただけませんか？　買っていただいた方は空港玄関の前にバスが待っていますので、それに乗って下さい。御協力いただけない方は、そのあとのバスに乗車して下さい」

「それはどういう意味だね」と誰かが聞いた。

するとと職員はさらりと言った。

「違うホテルにご案内致します」

あきれた話があるものである。要するに職員のためにタバコやウイスキーを買ってやらないと、まともなホテルにありつけないらしい。当然のことながら、僕を含めたほぼ全員がこの申し出に協力した。

連れて行かれたホテルは、バングラデシュ航空の経営する（という話だった）ダッカで一番の豪華ホテル。文句のあろうはずがなかった。僕はその旅行中初めて（そして最後の）テレビ、エアコン、バスタブ付きの部屋に泊まった。できれば明朝の出発が延びてくれないかと思うほどだったが、こういうときに限って順調に出発するものである。

翌朝空港に行くと、非協力的だった旅行者と合流したので、昨夜はどういうホテルに泊まったのかと聞くと、バンコクの安宿のようなところだったと笑っていた。

そのときの僕は、まだ旅を始めて間もない頃だったので、仮にも国際空港の職員がこれほど堂々と非合法的な行為を旅行者にさせることに驚くばかりだった。今になれば、タバコやウイスキーを旅行者から流させることぐらい全然たいしたことではないと思えるのだが（もっとひどいところは税関の役人が闇両替を持ちかけてくることもあった）、たかが旅行者からのタバコやウイスキーが彼らの収入を潤す財源となりうることも、それで初めて知った現実だった。

このことを他の旅行者に話すと、現在ではそのようなことは行われていないようですと言っていた。

僕が旅に持っていくもの

近頃、雑誌の方々からインタビューを頼まれることが多くなった。そういうとき、必ず聞かれる質問がこれである。

「旅行には何を持っていくのですか？」

海外旅行をしたい人にとって、人の荷物の中身を知りたいという気持ちは誰でもあるようだ。僕が発行している雑誌「旅行人」の読者からも、同じような質問が何通か寄せられた。ある質問者は「やっぱり、荷物なんかほとんど持っていかないんでしょうね」という。「放浪の旅人」が重い荷物を担いでいては絵にならないのかもしれない。

確かに、カップラーメンやトイレットペーパーまで旅行へ持っていく人に比べれば、あまりたくさんの荷物は持っていかない方だろう。だいたいインスタントラーメンやトイレットペーパーのような日常的に必要なものは、たいていどこでも日本より安く売っているので、わざわざ日本から持っていく必要などないのだ。

その代わりといっては何だが、変わったところで、僕は写植のスケール表を持って歩いていた。これはどういうものか説明すると、透明の下敷に、大小の活字の大きさが四角い升で示されており、活字の上にそのシートを当てると、その大きさが判明するデザイン用の道具だ（活字の大きさは十五級とか二十級とか級数で決める）。逆に、白い紙の上にそのシートを当てると、希望の級数の活字が何文字くらい入るのかを割り出すことができる。

なんで、そんなアホなものを持って歩いているのかというと、抱え込んだ雑誌の連載を滞りなく書くためだ。僕は旅先で本文のレイアウトをしながら原稿を書いていたのである。さすがにこんなものを持ち歩いている旅人に出会うことはなかった（当たり前だ）。

他にも、これは僕しか持っているところを見たことがない！　というものが一つある。原稿を書くには、ふつう原稿用紙が必要になる。ところが、四百字詰めとか二百字詰めの升目を区切った原稿用紙など、漢字圏以外の国では絶対に売っていないのである。これも当然だ。日本から持っていくには量も多くなるし、とにかく紙は重い。

それで、僕は考えた。エアメール用の便箋ならほとんどの国で売られている。あれは薄くて軽いので、下が透けて見えるのだ。

そうだ！　僕はひらめいた。

厚めの紙に升目をひいて即席の原稿用紙を作成し、それを便箋の下敷にすればよいのではないか。これぞ万能原稿用紙の素なのだ。

自分で言うのもなんだが、この「発明」は実に役に立った。なにしろこれ一枚あれば、どのような便箋でもたちどころに原稿用紙になってしまうのだ。実用新案特許を取れば儲《もう》かるぞ、と僕は一人ほくそえんだのであった。

しかし、この素晴らしい発明品を見て、感動する人など誰一人としていなかった。そうなのだ。普通の旅行者に、原稿用紙など必要なわけがないし、原稿用紙に事欠くほど長いあいだ旅行する物書きもいない（いや、多少はいるかもしれないが、こんなものを売って儲かるほどはいない）。というわけで、この素晴らしい発明品は誰にも認められないまま、僕だけの愛用品となっているのである。

これほど何の役にも立たないものではなく、もっと他に何かないのか？　と思う方もいらっしゃることだろう。幾たびも長い旅をしているのだから、長い旅に是非とも欠かせないものは何だ？

そんなものは何もない、健康な身体と金さえあれば旅はできるのだ！　と書ければ格好いいのだが、実はガイドブックは持っているし、カメラもフィルムも持っているし、懐中電灯は要《い》るし、着替えも耳《みみ》搔《か》きも石鹼も歯ブラシも必要だ。こんなものをバックパックに詰め込むと、それだけでうんざりするほど重くなってしまう。荷造りをするにあたって、あれを削ったり、これを詰め直したりと悪戦苦闘し、百グラム単位で荷物の軽減を計らなければなら

3枚
透けない色物のTシャツを愛用。
長袖シャツ1枚
タンクトップ2枚
日本国
PASSPORT
パスポートにはカバーをつけている。チョッキの内ポケットに、当日使う貴重品を入れる。
防寒着は現地調達。
リュックのカギ
くつ下2足
部屋着兼寝巻き用布1枚
パンツ5枚
ズック
ビニールコーティングされた布で札入れを作った。かさばらないのが自慢。
当日使わない貴重品は腹帯の中。両面入るのがポイント。
スカート1枚
インド製の薄いショール。イスラム圏で役立った。
ビザ用に大量の写真とネガを用意。
クリアファイル A4サイズ
記帳ノート 89〜
行動記録ノート
もんぺ風のズボン2本
ポケットは深く。サイフを入れたあとハンカチで塞ぐ。
ロットリング
バッテリーチェッカー
筆ペン
消しゴム
紙も髪も布も豚肉も野菜も切った。
大事な袋は利き手で持つ!
30cm×47cm×27cmのリュック。
全てビニール袋の中に。
寝袋
スーツケースのように開くリュックは使い易いが、長く背負うと疲れる。
カメラ フィルム
ファスナーの留め金が重なり合い、スキ間の開かないのが安全。
ノート・ペン 果物ナイフ
肥料袋で作った手下げ袋。丈夫だった
見た目の美しくない移動姿。
洗タク物干し用ひも
ジッパー付ビニール袋
洗剤
石けん箱は、受け皿のみ。
みそ
塩
マヨネーズ
茶筒
砂糖&紅茶等入れ。
マイッタ!
アフリカでは基本調味料と自炊道具を常備していたので15キロ程の荷物だった。
縫い針は銀紙で包む
キズテープ
スープ
胡しょう粒
米
ミルク缶インド製
ナベにもした。
ヤッチ用サイコロ5個。
耳かき
安全ピン
ろうそく
蚊取線香2
タッパ
小物&壊れやすい物入れ。
しょう油
フタ付カップ
電熱コイル

ないのである。

それでもなお、旅をするたびに、こんなものを持ってくるんじゃなかったと後悔し、あれは必要だったなあと悔しがっているのである。こういう点で、いつまでたっても僕は極めて要領が悪い。

なるべく荷物は持っていかない方がよいというのは真実だ。自分で荷物を背負わなければならないバックパッカーにとって、重い荷物ほど旅の制約になるものはない。

こんな話がある。ある旅行者が初めてインドにやってきた。空港に降り立ったはいいが、飛行機から自分の荷物が降りてこなかった。その人は、金とパスポート以外のすべてをその荷物に詰め込んでいたので、インドの初日から着替えも何もなく、旅を始めることになってしまったという。旅が終わって、彼はこう言った。

「あとで考えると、余分なものばっかり持ってきて、ずいぶん重いスーツケースでしたから、あんなものを持ち歩かなくてすんで、かえってせいせいしましたよ」

盗難や事故で、何もかもあきらめざるを得ないということでないと、なかなかこういう台詞《せりふ》は吐けないのである。

日本の生活は大変

長い旅行から帰ってくると、必ず言われたことがある。

「日本の生活に慣れるのが大変でしょう」

確かに、最初に長い間日本を離れて帰国したときには、日本の生活に馴染《なじ》むのは実に大変だった。何が大変だったのかと言えば、まず仕事がなかったのが第一に大変だった。一年半も日本にいなかったのだから仕事がないのは当然のことだが、次に大変だったのは、たとえ仕事があっても、それをやる気がしないということだった。

僕は、グラフィック・デザインおよびイラストの仕事をしている（最近は旅ものの文章を書く仕事の方が多くなってしまったが）。やっと帰ってきたのだからと、仕事をくれる親切な人もいて、もらった仕事を机の上に積んだはいいが、それからなかなか始まらない。そういう状態が半年ぐらい続いた気がする。

さらに大変だったのは、早く次の旅行に出たいという気持ちを抑えることだった。もっともこれは資金がなかったので、抑えるより他に手はなかったのだが。

他にも苦労したことはいろいろあった。日本の生活が板につかないというか、デラシネ気分をしばらくのあいだ味わった。

しかし、だ。それも初めの頃なればこそである。人間たいていのことは慣れるというのが僕のかねてからの持論だが、僕もそういうことに慣れてしまったのである。

二回目の長い旅行は一年だったが、帰国しても何ということはなかった。次は二年半だったが、帰国してすぐに仕事に追いまくられた。机の上の仕事を積みっぱなしにすることはもうないし、ましてや以前のように日本の生活に悩みもしない。当時の日本ではバブルがはじけて不景気だと騒ぎ始めていたが、もともと景気のいい暮らしをしていたわけではないので、あまり当方には関係なかった。変わったのは、僕のパソコンがひどく老朽化したぐらいだ。

しかし、アパートの家賃が驚異的な上がり方をしているのには、本当につくづくまいった。正確なデータではないが、僕が感じた限り、旅に出る二年半前の五割は上がっているように感じた。これは痛い。とてもついていけないのである。

問題だったのは、僕が日本での安定した収入を持っていないことだ。不動産屋に行って部屋を頼むと、収入証明書を出せと言う。つまり、借家人（僕）にきちんと家賃の支払い能力があるかどうかを書類で審査しようというのだ。

読者も御存知のように、自慢ではないが僕にそんなものがあるわけがないではないか。二

動産
しえ〜
3DK
マンション
25万
2DK
マンション
35万
3DK
マンション
40万
3DK
マンション
38万
2DK
マンション
20万
3LDK
一戸建
45万
2DK
マンション
3LDK
2DK
マンション
25万
3DK
マンション
40万
3DK

年半も海外をほっつき歩いて、威張れるぐらいの収入があったら苦労はないのだ。

それでうんと困った。仕方ないので、とりあえず三年前の収入の記録を提出した。たいした収入はないので、そんな記録を他人に見せるのは嫌だし、ましてやそれで人に審査されるのはもっと嫌だ。

提出して数日後に結果が出ることになっていた。梅雨時にもかかわらず、その日は朝からよく晴れたいい天気だった。不動産屋からいつ結果を知らせる電話がかかってくるかと一日中待ち続け、気持ちが落ち着かない。なんだか入学試験の合格発表を待っているような心境であった。

電話は夕方になってもかかってこなかった。待ちきれなくなってこっちから電話してみると、担当の女が出て、

「あらっ、そうでしたわね。え〜と、クラマエさんは……、申し訳ありませんが、この収入ですと、うちではちょっと……」

「だめですか」

「大変申し訳ないんですが……」

「サクラチル」であった。

僕はしばし途方に暮れた。この分だとわれわれ夫婦は東京に住めないのではないかと本気

で落ち込んだ。そのとき敷金や礼金のためのまとまった現金を持っており、パスポートも寝袋も持っていたので、このままた旅に出ようかと真剣に考えたりもしたが、さすがにそれはできなかった。

結局、捨てる神あれば拾う神ありで、他の不動産屋を必死にかけずりまわって、何とかかんとか部屋を確保することができた。

後日、ある友人にこの話をすると、そいつは言ったものである。

「それは無理もないわよ。私でもキミみたいなのに貸す気はしないもん。割と神経質になるのよ、大家ってのは」

僕はこのとき初めてアジアからやってくる外国人労働者の気分が、ほんの少しだけわかったような気がした。

その、なんとか獲得したアパートに二年半住み、それからもっと家賃の安いアパートに引っ越してそこに七年住んだ。その間、何回も旅に出て、持ち物がどんどん増えていき、狭い部屋に入りきらなくなって、僕はまたも転居を余儀なくされていた。その頃の僕は、「旅行人」という小さな出版社を立ち上げていたのだが、不動産業者からは零細企業の社長なんかほとんど相手にしてもらえないのだった。事情通に聞くと、「零細企業の社長なんかフリーランスと同じだよ。信用度ゼロだね。社長じゃなくて社員だったら給与証明が出るから、もっとスムーズに部屋を貸してもらえたかもしれないね」という。どうしていつも僕の借家人としての立場はこんなに弱いのであろうか。ま、その後なんとかなったけど、社会はビンボー人に冷たいぜ、まったく。

もう一度大学生に戻りたい

先日、ある高校生が僕にこんな質問をしてきた。自分は受験生なのだが、大学へ行くのに意味があると思うかと尋ねるのである。自分で意味があると思えばあるのであり、ないと思えば行かなければよい……というのが正論だが、僕自身、大学生であった経験から言わせてもらえば、大学生であるかどうかはあんまり意味がない。もちろん学歴自体は社会的に重要であり、卒業証書は就職するのに意味がある。

と、ここまではどんな人間でも答えられるわけだが、大学進学が旅と結び付くのかとなると、これが大いに結び付くのである。

まず第一に、大学生は一カ月以上の長い休みがとれる。こんなチャンスは人生の中でも滅多にない。人によっては、これを逃したら二度と長い旅に出るチャンスは訪れないかもしれない。

第二に、学生のときに旅に出られると、旅で生じた疑問を、大学の先生などに質問できる最高の利点がある。断っておくが人生に対する疑問ではないよ。文化・風俗など学術的な事柄についての疑問だ。

こういうことは自分で調べようと思っても、なかなかわかることではない。例えば、インドに行ってヒンドゥー教徒とイスラム教徒の宗教対立が起こっていたとしよう。まったく知識がなければ、これをどのような文脈で理解していいかわからないはずだ。ヒンドゥーとは何なのか、イスラムとは何なのかをまず学ばなければならない。このようなとき大学生は学校に帰れば、その専門家がすぐ目の前におり、懇切丁寧《ていねい》な教えを請うことができる。工学部在籍の人はヒンドゥー教の授業などないかもしれないが、そんなときは他学部の授業を受けに行けばよいのである。先生は絶対に嫌な顔をしないであろう。

なんて書いてはみたものの、僕自身は学生のとき、漫画ばっかり描いていたバカ学生で、授業なんかほとんど受けたことがなかった。それでも卒業できたのが不思議だ。学生の頃は金もなく興味もなかったので、海外旅行なんて考えもつかなかった（まだそういう時代じゃなかったんだな）。

あるときからもう一度大学生に戻りたいと思うようになった。僕が資料で読む本の執筆者が母校の教授で、しかも僕はその授業を取っていたにもかかわらず、一度も授業に出なかったなんてこともあるのだ。ああ、あの授業を受けておけばよかったなあ、なんて今になって思う。

そんなとき、旅の途中である学生と知り合いになった。その人の勧めで母校の大学へ授業を受けにいった。いわゆる〝偽学生〟だ。課目はイスラム教に関する講義だった。

授業の初日から先生は学生に質問した。質問はイスラム教の五行とは何かである。あてられた学生は五つのうち三つしか答えられなかった。

先生は全問正解でなかったことに不満そうだったが、僕は三つも知っているのかと感心した。僕が学生の頃だったら一つも答えられなかっただろう。

すると、あろうことか先生は僕をあてた。

「そこの君、答えなさい」

まいったな。

運よく、その答えを僕は知っていた。その先生の本を読んでいたし、実はイスラム教の五行などはどの本にも書いてある基本中の基本なのだ。

だいたい僕はそれまで好んでイスラム圏を旅していた。モスクも数多く見たし、礼拝風景も日常的に接してきたし、コーランだって幾度も聴いている。そういう体験がある人と、イスラムなんかにほとんど興味がなく、イスラム教徒など見たこともない人とでは勝負にならない。むしろ、三つも答えられた学生と、残りの二つを答えられた僕では、学生の方が偉いと言うべきであろう。

それはともかく、普通の学生なら興味のないイスラムの授業など単位のためだけに受けるわけだから、身も入らないし、居眠りばかりになる。

その点、旅行者は全然違う。その授業を受けると、コーランとは何か、イスラム教とはどういう宗教か、現在イスラム教はどうなっているのかなどなど全部教えてくれるのだし、自分の体験から質問すれば、先生は喜んで熱心に教えてくれるからだ。早い話が、旅とは大学でいう「フィールド・ワーク」と同じ意味を持つのだ。こんな幸せな光景はなかなかあるものではないよ（残念ながら僕は偽学生だったので、個人的に質問できなかった）。

旅をしていると、わからないことだらけだ。そして、そのわからないことの一つひとつが、実になんだか興味深いことばかりなのである。

自分の体験から得た疑問は貴重なものだと僕は思う。それが氷解していくとき、新しい世界が広がったような気持ちになる。大学の先生たちはそういう学生がやってくるのを待っているんだろうなと思うよ。

占いで健康診断

この前、健康診断を受けにいった。海外旅行から帰ってきたら、身体の中に変なウイルスが潜んでいないか、一度は調べておいた方がよいと友人知人関係にくどく言われたのだ。あらたまって健康診断などをしてもらうのは初めての経験で、前夜九時から食べるのを控えたり、朝起きても水一杯飲んではいけないと言われ、それなりに緊張した。

病院は池袋にあった。小さなクリニックで、自分の番がくると看護婦さんに浴衣《ゆかた》のような服に着替えさせられ、トイレで尿を取り、血を抜かれた。そして、オレンジ味のバリウムを飲まされ、機器に乗って上へ下へとひっくり返されながらレントゲンを撮り、身体のあちこちを機器でさすられて、内臓の超音波写真を撮られた。

思ったより検査の時間は長かった。飲んだことのある方はおわかりだと思うが、胃腸の検査のために飲むバリウムの量は半端ではない。ビールの中ジョッキ一杯くらいはある。どろどろネトネトとした奇怪なゲル状の物質を飲み込むのは実につらい。

そのうえ、炭酸の粉を飲まなければならない。これを飲むと、胃の中で炭酸が気体になり、膨れ上がってくるのである。大量のコーラを一気に飲んだ感じとまったく同じだ。これも大変苦しい。コーラならげっぷの一つもしてしまえば、それですかっとさわやかになるのだが、検査のレントゲン技師は鋭く言った。

「げっぷをしないで下さいよ。げっぷをしたら、もう一度飲み直しになりますからね」

それから懸命にげっぷをこらえていると、按摩機《あんまき》の腕のようなものがウィーンと伸びてきて、苦しみに耐えている腹をグッ、グッと押すのである。

「げっぷをしないで下さい、げっぷをしないで下さい」

レントゲン技師はなおも言う。

く、苦しい〜。

ようやく全ての検査が終わり、結果は一週間後に出ると告げられて帰宅した。

そして、一週間後である。

再び池袋のクリニックに行くと、医師はニコニコと僕を迎え入れてくれた。

「クラマエさん、特に異常はありませんよ。検査の結果から診《み》ると、健康です」

僕はその言葉にほっとした。それさえ聞けば、あとはもう用はない。しかし、じゃあさようならというわけにもいかないので、「そうですか、よかったです」と答えると、その医者はレントゲン写真をライトテーブルに掛けて、説明を始めた。

クラマエさんの胃は、
人に気を遣《つか》う
タイプですねぇ
大丈夫か
この医者は
本当にこんな診断が
何かの役に立つのだろうか…
1996

「あなたの胃を見ると、神経が細やかで、人に気を遣うタイプだという胃をしてますが、違いますか？」

「はあ、どうでしょうねえ」

「どうですか、あなたは人の上に立つ人ではなくて、よい上役についていきたいタイプじゃないですか？　だけど、自分のペースをあくまで守って、自分の納得のいくことしかしない人だ。違いますか？」

「そうですねえ、どうなんでしょうねえ」

いったい何を言っておるのだこの医者は。それが、僕の健康とどういう関係があるのだ。

「私はですね、患者さんの身体を診て、その人の気質や性格がわかるんです。こういう胃をしてる人はこういう性格だとか。それで、その人が自分の性格にあった生活が過ごせるようにアドバイスをするわけですね。そうすると、気持ちよく生活ができる。すると、病気も少なくなるんです。わかりますか？」

「はあ、なるほどねえ」

「あなたの星座は何ですか？」

「星座ですか？　山羊ですけど」

「ほお、山羊ですか。で、干支《えと》は？」

「サルです」

「山羊座のサル年か。血液型は何ですか？」

「O型です」

「山羊座の人は我慢強い人。病気になっても自分が病気だということを隠して、じっと我慢するようなところがあります。違いますか？　サル年の人は、わがままです。わがままといっても、自分で納得できることだけやるというように、自我が発達してるんです。欧米人タイプといいますか。違いますか？」

この先生は、自分の意見を言うたびに、違いますか？　と僕に確認を求めてきたが、これには困った。違うと言うわけにもいかないではないか。だいたい医者のくせに星座だの干支だのを根拠にして、人の性格を占うとはどういうことなのだ。そんなことに違うとか違わないと言ったってまるで意味がない（ちなみに、僕は病気にかかってもそれをじっと我慢するようなタイプではまったくない。どちらかというと大騒ぎする方だ）。

僕はこの医者に驚きあきれかえった。だいたい世にはびこる血液占いなんてものは、科学的には何の根拠もないものだと僕は教えられた。A型だのB型だのという血液型区分法は、二十種類以上ある区分法の一つにすぎない。それを根拠にして性格の判断をするなどとは笑止千万である。

いわんや、星座占いだの干支占いだのにいたっては、この医者の道楽以外の何物でもないのではないか。東京の私立病院ではこんなことが商売になってしまうのであろうか。週刊誌のお遊びページで読者の気休めに役立つというのならわかるが、僕は医学的な健康診断を受けにきたのであって、「新宿の母」に占ってもらいたいわけではないのだ。

よく受け取れば、それほど僕の身体には異常がなく、さして言うべきこともなかったのかもしれない。しかし、僕はこの先生の占いによって、医学的信頼性をすっかりなくしてしまったのかもしれない。またどこかで検査をやり直そうかなあと思っていたら、大学の後輩で医学部を卒業した友人が家に遊びにきたので、そのことを話すと、

「どういうつもりかわかりませんが、もう一度検診をやり直した方がいいかもしれませんね」と言われてしまった。

やれやれ。次は星占いの嫌いな先生のところに行くとしよう。

その後、僕は幾度か健康診断を受けているが、結局、この医師が下した診断結果は、占い以外の部分はすべて正しかった。診るべきところはちゃんと診ていたのである。この医師の名誉のために付記しておかなくてはならないが、先生、いいかげんに星占いはやめた方がいいんじゃないの？

名栗村のキャンプ

以前ジンバブエを旅したとき、キャンプ生活を続けたことがあった。ジンバブエはアフリカで最もキャンピングの施設が整っている国で、下手《へた》なホテルに泊まるより、キャンプ場の方が設備がよくて、そのうえ安いのだ。

このキャンピング生活があまりにも心地よかったため、僕は日本に帰ってからも、どこかキャンプしに行きたいといつも思っていた。ところが、聞けば日本でもオートキャンプが大流行だとか。友人に、「もう大流行もいいところ。土日なんかに行ったら、テントとテントの隙間《すきま》がないくらいいっぱい張ってあるし、車で来るからカラオケやったりしてうるさいよ」などと言われ、がっくり。そんなこんなで、仕事にも追われてなかなか行けなかったのだが、昨年（一九九四年）の十一月、アフリカ以来長いあいだ使っていなかったテントを背負い、秩父《ちちぶ》方面のキャンプ場に向かって出発した。

目的地は適当に決めた。あまり人のいないキャンプ場で、テントを張って眠るのが当面の目的だったので、まあどこでもよかったのだ。だが、あまりにもテキトーすぎて、電車に乗ってからキャンプガイドを読んでみると、目的のキャンプ場が閉鎖されていることに気が付いた。十一月ともなるとシーズンは終わりなのだ。

これはいかん、他に開いているキャンプ場はないか。あわててガイド本をあたると、名栗村のキャンプ場ならまだやっている！

ドタバタと電車を降り、バス停へ行くと、あと二時間はバスがこないと知れる。またがっくり。なんでわしらはいつもこうなんだろう。仕方ないので、なるべく近くまで行くバスに乗り、あとは歩くことにした。五キロくらいあるだろうか。

次第に暗くなり始めた道をてくてく歩きながら、通りかかる車に親指を差し出してみる。運よく七、八台目のトラックが止まってくれた。運転手のおじさんは、何だね？という顔をし、われわれがヒッチハイカーであることを知らなかったようだが、構わずキャンプ場まで乗せろと言い張ってトラックにしがみついたら、びっくりして運転席の横に乗せてくれた。いい人でよかった。

キャンプ場に着いたときはもう真っ暗だった。誰もいない。しばらくすると係のおばさんがやってきて、「あんたら、今日来ないで昨日来たらにぎやかだったがねえ」と言う。

今日来て正解だったようだ。

さっそくテントを張り、薪に火をつける。飯を炊き、おかずをこしらえて、それらをガツ

ガッガッー
ガッー

ガツと食うと、その日はそれでやることはなかった。あとは眠るのみである。あたりはどのような景色になっているのであろうか。暗くなってから着いたので全然わからないのだ。まあいいだろう。寝る。

夜中に雨が降り出した。われわれのテントは「針葉樹林限界線（ティンバーライン）」という、厳寒にも耐えられそうな名前のテントなのだが、これが名前倒れ。寒さにも、そして雨にも弱く、すぐに浸水してくるのだ。明け方、僕は寒さで目が覚め、マットが濡れているのを発見した。うーむ、いかんなあと思ったが、テントを移動させたりするのも面倒なので、そのまま目をつぶって気が付かないふりをした。朝は本当に寒かった。

次の日はどんよりと曇り、霧雨が降り続いた。付近の山に行き、峠を目指してまたてくてくと歩き続けた。それ以外ここはやることが何もないのだ。山に入って三たびがっくりきたのは、この辺の山は杉の木しか生えていないということだった。行けども行けども、登れども登れども杉の木のみ。そうなのだ、このへんは造林地帯で、全部〈杉畑〉になってしまっていたのである。

生えているのがすべて杉の木だと、実がないせいか鳥さえもやってこない。まっすぐに空へ伸びた杉の木が規則正しく並び、日のあまり射さない森というか畑の中は文字どおり森閑と静まりかえっている。嫌になる。鳥も鳴かない、紅葉もない。たくさん木が生えていれば、そこは林や森であり、鳥が来て鳴くのかと思っていたが、そういうわけではないのだな。

夜になって、最大の楽しみであるメシを準備する。ガツガツ食っていたら、暗闇で何やら動くものがある。むむ？　そのものは、灯の中にひょいと顔を出した。

お、おおおっ！　なんとタヌキではないか。

メシの残り物を狙って、こんな近くまでやってきたのか。そうか、そうか。野生のタヌキをこんな近くで見たのは初めてだ。

メシをばらまき、一メートル手前までおびき寄せてフラッシュをたいたが、タヌキは必死にメシを食っている。あわてて食ってメシを喉《のど》につまらせ、ゲーゲーと戻してはまたそれを食うのである。こらこら、あわてずにゆっくり食え。

ジンバブエのときはイボイノシシの親子がキャンプ場を走りまわってびっくらしたもんだが、日本ではタヌキが出てくるのだなあ。

その夜、タヌキたちはテントのそばをうろうろしていたが、雨の上がったその夜、僕はぐうぐうと寝入ってしまい、再び彼らの顔を見ることはなかった。


タヌキの出没など、今や少しも珍しいことではなくなっているようで、なんと東京でも世田谷区でタヌキが出没したと新聞に載っていた。僕の実家は鹿児島の山の中だが、そこには夕ヌキやシカが出没する。温泉のある旅館が多いところなので、旅館ではタヌキに残飯を与えて餌付けするのだが、そういった餌を食べていたタヌキが、あるとき皮膚病にかかって全身の毛が抜け落ちてしまった。調べてみると、なんとそれはアトピー性皮膚炎だったというのである。いやはや、なんかすごい世の中になってしまったものだ。

日本のビンボー生活

先日、世界児童文学全集29『ツバメ号とアマゾン号』（岩波書店）を読んだ。これがなかなか面白い小説で、あっという間に読み終えてしまったが、今回の話はこの小説のことではない。この『ツバメ号とアマゾン号』を教えてくれたのは、数年前カトマンズで会った、とある旅行者だった。僕は読みながらその人のことを思い出していた。

Tさんというその旅行者は、会ったときに二十六、七歳くらいだった。冒険小説が好きで、旅行前は小演劇をやっていたという。

御存知の方も多いと思うが、小演劇というのは、ほとんど金にならないそうで、それどころか、やればやるほど金がなくなっていく。僕の知っている演劇人で、たとえ有名な劇団で活躍していても、それで生活が成り立っている人はいない。アルバイトしながら生活を支え演劇をやっている。下手をすると、バイトで稼いだお金を劇団につぎ込まなければならない場合も多い。舞台、衣装、小道具、チケット、ポスターと、とにかく金がかかるのだ。

さて、そのTさんだが、やはり金のない生活をおくっていた人であった。バイト代はすべて劇団に貢ぎ、ほとんど食うに困るような日々を過ごしていたという。

「全然金がなくてですね、アパート代も払えないんですよ。それでアパートを出て、空き家を探したんです」

「空き家って、東京で？」

「そう。意外にあるもんなんですね、これが。そこに忍び込んで眠るんです。でも、腹が減って眠れない。何かないかと思って台所をごそごそ探しまわったら、戸棚にキャット・フードが見つかって、それを食べました。うまかったなあ～」

「ずっとそこに住んでたの？」

「一カ月くらい。さすがにそれ以上はきつかった。芝居が終わったんで、またバイトを始めましたから、金が入るようになったんですよ」

「へええ、今の日本で、そういうことやってる人がいるんだねえ……」

と、僕が感心していると、

「いやあ、おれなんかまだ甘い方ですよ。好きなことやって、そういうことになっただけですから」

「そうかねえ」

「おれの知ってる奴でね、まだ若いんですけど、やたらと喧嘩《けんか》早い男がいるんですよ。誰か

僕も20代前半は貧乏で、ろくに収入がなかった。途中でガス欠になって、手持ちの50円分のガソリンしか入れられなかったこともあったなあ。
トホホホホ
ザーッ
ザーッ
ザーッ
でも、こんなことは
普通の、、、ことだったけど…
1996

にからんじゃ、しょっちゅう喧嘩ばっかりしてて。ボクシングやってたから滅法強いんです。おれもそいつと喧嘩したんですが、全然パンチがあたんないですね。一発でふっとばされました」

Tさんはそういって笑った。

喧嘩のあと親しくなって、Tさんはその男の話をいろいろと聞くことになった。なんで、そんなに喧嘩ばっかりしてるんだと聞くと、そいつは、世間を憎んでいるからだと答えたそうだ。

「そいつは離島の出身なんですけどね、ひどい貧乏生活なんですよ。父親がいなくて、上に三人の姉がいたんですって。母親が体を売って娘を育てて、娘も育った順に体を売って下を養ったらしいんですよ。そいつが一番下ですから、母親と三人の姉に育ててもらって、世間の連中を怨みきってるわけです」

「生活保護はなかったのかい?」

「離島じゃ、そういうの受けられるような環境にないんですよ。まわりが許さないんですって」

何ということだろうか。これは終戦前後の昔話ではない。その男は数年前にまだ二十歳そこそこだったのだ。ということは十五、六年前、つまり一九七〇年代後半の話なのである。

「それで、島を出てからボクシングを習って、まわりに復讐してたってわけですよ。知り合った頃はひどかったですよ。もう毎日喧嘩ですから。最近は少し落ち着いてきましたけど」

旅をするようになって、アジアやアフリカの貧しい人々の生活を見るにつけ、日本は豊かになったのだと、わかったようなつもりでいたが、実は僕などの見えないところで、こういう男のような「現実」がぽっかりと穴をあけていたのだ。

さて、日本に帰ってきて、ある日、父親が粟《あわ》を送ってきた。食べたことがないので、適当に米に混ぜて炊いて食べていたら、友人が遊びにきて「ジンさんも粟を食べてるんですか」と言う。自然食ブームで、粟を食べている人は今、結構多いのだそうだ。「高かったでしょう？」と聞くので、いや父親が送ってきたのだと答えると、

「それなりの店で買うと、粟は高いんですよ。ブームだから。でもね、ペットショップに行くとめちゃめちゃ安いの。俺は近所の小鳥屋で買ってるんですけど。毎日粟食ってますよ。それから、ツナ缶ね、これもキャット・フードだと安いよお」

「ツナ？　猫の餌がうまいのか？」

「普通のツナ缶とまったくおんなじなんだって、それが。ホントにおいしいんだから。でも安いのは国産じゃなくて輸入物のタイ製だよ。日本の『モンプチ』なんか、すっげえ高いんだから。憧れてるんだけど、まだ食ってないよ、あれは。手が届かないなあ」

そういえば、テレビのCMでやってる、あのケタクソの悪いキャット・フードがその高級猫メシなのか。僕はあれを見るたびにグルメの猫なんぞ飢え死にしてしまえと腹を立ててる。友人は我が家の、何の変哲もない夕メシをうまいうまいと言いながら食い、何杯もおかわりしていった。

【第三章】がんばれ旅行者たち

旅のお師匠さん

僕が長期旅行を始めるようになった一九八三年頃インドで、ある日本人旅行者と出会った。旅を始めたばかりだったので、僕にとって旅行者たちはそれぞれに珍しく面白い存在だったが、とりわけその人は変わっていた。彼は「ウチューージン」と呼ばれていた。

インドあたりを長期に旅する人は、おおむね服装がインド化する。インド製の服、長髪、髭《ひげ》──つまり〝ヒッピー〟的な姿になってしまうのだ。この人は、そのような服装を極端に嫌っていた。あんな格好は旅をするのに不利になるだけで、いいことなんかちっともない、と言うのである。確かに国境や大使館であまり汚いなりをしていると、係官の心証を悪くする恐れがあり、それ故に入国に手間取ったり、ビザが取りにくかったりする場合もある。少なくとも「普通の」服装でいる方が無難といえば無難である。

それでウチューージンは、団体旅行からはぐれてこんなところにいるのではないかというような、いわばごく普通の服装をいつも保っていた。インド長期旅行者の中にあっては、ぼろぼろの服装でいるより、この方がよほど変わっていることになるのである。

荷物も極端に少なかった。個人旅行者《バックパッカー》といえばリュックサックがトレードマークになっているが、彼はこぶりの手提げバッグが一つ。中には着替えが少しと洗面用具程度しか入っていない。カメラさえない。これで長い旅ができるのかと聞くと、一週間旅するのも一年するのも同じだと言う。これで不足に思ったことはないそうだ。驚いたのは、彼が日本でもほぼ同じ荷物で生活していることであった。日本ではまわりにテレビとか台所用品とか何もかも揃っているので、一層要らなくなるのだそうだ。

僕はウチュージンから、旅の仕方や面白さを数多く教えてもらった。いわば〝旅のお師匠さん〟なのである。僕と彼はインドで初めて会って以来、アジアのいろいろな場所で再会してきたが、例えば、中国のシルクロードの町トルファンで再会したときのことである。町外れには古いモスクが建っていた。

「ジンさん、モスクに行きませんか」

彼にそう誘われて、一緒に馬車に揺られていった。モスクには誰もおらず、われわれはモスクのレンガに腰掛けて、のんびりと景色を眺めながら話をした。

「ジンさんはコーランを読んだことありますか？」

「いや、ないよ。コーランって日本語になってるの？」

「ええ、岩波文庫で出てますよ。井筒俊彦って人が訳してて上、中、下の三巻あるんですが、下巻がいちばん面白かったなあ」

「へえー、コーランなんか読んだことがあるの。何が書いてあるの」

「生活の細かなことがいちいち書いてあるんですよ。面白かったのはね……」

そういって、彼はコーランの内容を楽しそうに話してくれた。それどころか、彼はコーランの初めの方をアラビア語で暗記しており、朗々と唱えることさえできるのだ。

「旅行中にいつも聞こえてくるでしょう。なんとなく調子を憶《おぼ》えて。イスラム教徒じゃなきゃ入れてくれないモスクなんかは、これが唱えられると入れたりするんですよ」

僕はそのとき初めてコーランが日本語で出版され、文庫本にまでなっているということ、そして、そこにどのようなことが書いてあるのかを知ったのだった。

僕はちょっとしたショックを受けた。その頃イスラム教それ自体さえほとんど知らなかった僕は、コーランを読むなんて考えもつかなかった。僕の周囲にだって聖書を読んだ人間ならいたが、コーランを読んだ人間など誰もいなかった。それなのに、得体の知れない若い旅行者が、楽しそうにその話をしてくれるのだ。いったい、旅行者とは何を考えて旅しているのだろうか。僕はがぜん興味を覚え始めた。その後も、彼はいろいろなことを僕に教えてくれた。インドの安宿でトルコの話をしたときに教えてくれたのはアルメニア人の歴史だった。

彼はトルコ東部のアララット山を見にいったという。

バンコクを歩くと…
あそこの新聞スタンドは他より50サタン安いんですよ
地元の人より詳しい
そこの先のバーミー屋は安くて凄く量が多いですよ
へーっ
それからあそこの中華は…
ネパールで星を見ると…
こっちの方が星の密度が高くて、こっちの方がまばらでしょう
どうしてだと思います？
?
分る訳がない
銀河系の渦の方向と関係があるんだそうだ
旅行先である旅行者が…
この前、中国で彼に会いましたよ。クラマエさん、オレの事、何でも書いちゃうからなあって言ってました。
つつつつつ
す、すまん〜

「何、そのアララット山って」

「アルメニア人の聖地ですよ」

「アルメニア人……？」

何も知らない僕に、彼は懇切丁寧に説明してくれた。

「アルメニアって国がソ連にあるでしょう。ほら、これ。ここは昔もっと大きかったんですよ。トルコ東部の国境付近に山があるでしょう。これがアララット山なんだけど、以前はここもアルメニアだったんですね。アルメニア正教の聖地になってるんです」

そんな話、初めて聞いた。

「ユダヤ人が世界各地に散っていったように、アルメニア人も迫害されて世界各地に離散していったんですよ。アメリカなんかにはアルメニア人社会があって、アルメニア文字の新聞まで出てるって話ですね。今でもそういうところからソ連領のアルメニア共和国に帰ってくるらしいですよ」

「いったい何でこんなことを知ってるの？」

「何でって、ヒマですもん。何となく人に教えてもらったり……」

確かに旅行中はヒマなことはヒマだ。しかし、それだけの理由でコーランを一部暗唱し、アルメニアの歴史を追ってトルコまでアララット山を見にいき、インドのカースト制度を解説してくれ、パレスチナ問題の概要を説明し、中国の少数民族の風俗を語り、世界の為替レートに通暁《つうぎょう》するようになるだろうか。

ウチュージンと同室になった夜、僕は彼に聞いた。

「あのさ、そんなにいろんなことを知ってて、専門に研究とかしたくならない？」

「昔はそう考えてたこともありましたけど。でもね、ダメだったんです。おれは英語がからっきしダメでね。日本の大学って英語ができないと絶対受からないでしょう。おれは英語がまるで話にならないんですわ」

そういって彼は笑った。

旅行者がすべて彼のように博識なのではない。しかし、旅行者たちは長い旅の合間に、安宿の一角でこんな話をしてヒマをつぶしているのだ。ヒマつぶしにしては話が面白すぎた。そうやって僕は彼の薫陶により、旅行者たちの世界に突入していったのである。

ウチュージンは今でも旅を続け、世界を歩きまわっている。無名の、どこにでもいる旅行者のひとりとして……。

彼ウチュージンは今でも旅を続けている。僕が初めて彼と出会ってから、すでに二十年がたとうとしている。

さすらいの宝探し人

イスタンブールの絨毯《じゆうたん》屋で、ある日本人に会った。絨毯屋が、店の商品を広げながら説明しつつ旅行者の買い気を誘っているのを、その人はソファーに座って超然と眺めていた。旅行者相手の商売が一通り終わると、絨毯屋の男はその日本人に声をかけた。

「Hさん、いい品物が入りましたよ。ペルシャの程度のとてもいい古い物です。見ますか？」

どうやら、そのHさんという日本人は、その店の常連であるらしかった。彼は、それなら見ようか、と言って腰を上げた。

絨毯屋の男はそのペルシャ絨毯を広げた。細かな草花の模様が入り交じった見事な絨毯であった。シルクだと言う。

Hさんはそれをしげしげと眺めたあと、店の男に聞いた。

「どれくらい古いって？」

「五十年くらい前のものです」

Hさんはさらに絨毯を見、そして言った。

「いや、そんなにたってないな、これは。せいぜい十年から十五年ってとこだろう。それにペルシャじゃなくてパキスタンだよ」

絨毯屋は、そんなはずはないんだがと言って、彼の兄を呼んだ。商売は弟で、絨毯の識別に関しては兄、というのがこの店の定評なのである。

やってきた兄は、その絨毯を一目見てそっけなく言った。

「ああ、それ。十年ちょっと前のものだよ」

弟は面目を潰し、自分はこの絨毯をイラン人から買い取り、その男がそのように言ったこと、それにパキスタン製の絨毯については知識がないと弁解した。

僕はそのやり取りを見てすっかり驚いた。イスタンブールの絨毯屋を識別眼で負かす日本人など初めて見たからだ。

いわゆる古物や古美術品ほど見るのが難しいものはない。つまり、それがどの年代の製品であり、いくらの価値を持つのか、素人《しろうと》が判断を下すのはまず不可能だ。

絨毯もその例に漏れない。イスタンブールで売られている数多くの絨毯は、そのどれもがアンティークの貴重品であり、草木染めであり、シルクか羊毛かコットンであることになっているが、実はその多くが偽物だという。化学薬品で染めた化繊の新品絨毯を、日に干し、薬品で焼き、アンティーク風に仕立てて販売する連中が多いのである。

僕も絨毯屋で何百枚もの絨毯を見せてもらったが、僕の眼《め》で本物と偽物の区別が付くものなどごくわずかだ。ほとんどが、百年前と言われればそのように見えるし、シルクであると言われればそう思えてしまう。それをたちどころに年代を言い当て、原産地を確定してしまうなどタダ者ではない。いったいこの人は何者なのだ？

絨毯よりそっちの方に興味を覚えた僕は、ちょっと話を聞いてみた。

「あんなこと、よくわかりますね。日本で絨毯を扱ってるんですか？」

「いやあ、十年も絨毯を見てれば、あれくらい誰だってわかるよ」

「十年？　絨毯を仕入れてるんですか？」

「いや、そうじゃないけど、ちょっと興味があって、絨毯のある国をあちこちまわって見てきたから」

Hさんは四十半ばほどの年齢に見えた。ここ十年ほどシルクロードの国々を巡り、各地の絨毯を見てまわったのだという。しかし、大量入荷して日本へ送ったりはしないのだそうだ。

「何か一枚、金額の大きな物を買うんだよ、現金取引で。だからいつもドルキャッシュを持ってるわけ。それを日本の仲間に買い取ってもらう。それだけだな」

「金額の大きな物って、いくらくらいですか」

「そうねえ、この前手に入れたやつはイランからパキスタンへやってきた人間が持ってた絨

さすらいの宝探し人
腰には常に数千ドルのキャッシュ!
1994

毯で、珍しいシルクだった。五十万円で買って、百万上乗せして売ったな。仲間は多分その何倍かで売ったんじゃないかな」

「へえ～。それで今回も絨毯を探してるんですか？」

「いや、今度はイコンのいいやつがないかと思って、中央アジアへ行こうとしてるんだけど、ここで飛行機を探してるとこ」

「イコン⁉　マリア様の絵とかああいうキリスト教の絵ですか？　高く売れるんですか」

「はははは、まあね。いいのが見つかればの話だよ」

う～む、「一匹狼必殺仕入れ人」というか、「さすらいの宝探し人」というか、こんな旅をしている人もいるのだなあ。

Hさんは絨毯やイコンの他にも、南アジアの仏像や、中央アジアの刺繍《ししゅう》などを扱った経験があるのだそうだ。話を聞くと、それらはいずれも美術館級の逸品で、そんなものが世界中にごろごろしているのかと思うと、わくわくする話ではある。

その後もいろいろな話を聞いたのだが、とてもここには書ききれない（それに書けないこともある）。このような取り引きをやっていて損をすることはないのかという質問に、Hさんは笑って答えてくれた。

「これまで、ン十万円は損したよ。みんな授業料。イランの古美術屋で買った中国の古い陶器だとか、パキスタンの古い硬貨だとか、みんな偽物でね。古美術は偽物との競争ですよ」

なるほどね。どうも素人が手を出せる仕事ではないのだな。Hさんは、その後この損害を他の物でしっかり取り戻したそうだ。

それにしても、シルクロードの宝物を追いかけて旅をするなんて、それだけ聞くと夢があっていいなあと思うが、ン十万円もだまされるとなると、いい夢だけを見させてもらえるわけではないようだ。

香川苑子はチベット旅行中

旅行から帰ってきたら、読者からのお便りがど～んと溜まっていた。ついでに仕事も溜まっていて、ふうふう言いながらそれらをこなしていたので、手紙をゆっくり読む暇もなかったのだが、その中に中国から来た読者の葉書があった。よく見ると、それはチベットのカイラス山の絵葉書だった。

カイラス山はチベット仏教やヒンドゥー教の聖地で、なかなか簡単には近寄り難いところだ。その葉書のゴミのように細かい文字を読むと、それはこのところずっと長い旅を続けている香川苑子さんからのものだった。彼女はもう一年以上アジア各地をうろうろしている。

「私は今チベットのテングリです。チョモランマ、チュオユーの見えるのどかな村です。中国へはパキスタンからクンジュラブ峠を越えて入りました。今やクンジュラブ峠は立派なハイウェイをランドクルーザーでガンガン走る快適そのものの国境越えとなり、かつての難所の面影はまるで感じられませんでした。

カシュガルからカイラス山経由でラサに抜ける方法があると聞き、難しいけれど魅力のあるこのコースをとりました」

香川さんはカシュガルからカイラス山を目指して旅を始めたのである。彼女の文面では、さりげなく「難しいけれど」と書いてあるが、これは一言で表わせるような「難しさ」ではないはずだ。香川さんはまずカシュガルから叶城《イーチェン》へ行き、そこから阿里《アリ》という町に至ったのだが、これがなんとトラックで四日かかっている。そしてそこから再びトラックで十二時間かけてカイラス山にたどり着く。

「阿里にもカイラスにもしっかり公安がはっていますので、個人で行くよりグループ・ツアーで（ラサで簡単に見つかります）行くことをすすめます。阿里で取ったカイラス山のみ五日間のパーミット（許可証）が十元。パーミットなしでカイラスで捕まった旅行者の罰金は百元。この人がカイラス山を巡れたかどうかは不明です。トラックのヒッチハイクは難しく阿里をなかなか脱出できません。これがホントの阿里地獄」

やっと阿里を脱出した彼女は、そこからトラックで六日間（！）かけてラサへ到達している。う〜ん、すごい。

「カシュガル〜ラサに約一カ月かかりました。でも、それはそれは面白く、すばらしい経験をしました」

多くのとは言わないが、何人もの旅行者たちがこのコースをたどってカイラス山を巡っているのだろう。香川さんの葉書に書いてある情報から、そういった個人旅行者たちの状況がびしびしと伝わってくる。僕はこの葉書にため息をついて感動した。

日本にいると、名前ばかりの冒険家や探検家たちが、「大冒険旅行」と銘打ってアジアやアフリカに出かけて行く。そして、くだらない文章を書き散らし、しょうもない映像を垂れ流し続けている。そのうちの何人が香川さんの「普通の旅」に匹敵する「冒険」をしていると言えるだろうか。

六日間トラックに乗って旅することを、彼女は「それはそれは面白くすばらしい経験」であったと書く。そこには気負いも力みもなく、もちろん「大冒険」であるかのような自慢もない。彼女だけでなく、チベットをまわっている他の旅行者たちも、ごく「普通に」旅をしているに違いないと思う。僕はこのような旅行者たちを深く尊敬し、そして愛している。

彼女の葉書を読んでいるうちに、旅の途中で次のような話を聞いたことを僕は思い出した。

それは日本の登山隊に加わってヒマラヤを登った人の話であった。

日本の登山隊に参加してヒマラヤを攻めるには、巨額の資金を必要とする。登山隊の装備は膨大で、日本から多くの荷物を空輸し、それらをポーターに運ばせるためだ。その人は苦労してその資金を捻出し、無事にヒマラヤ登山を果たしたという。

しかし、彼はそこで愕然《がくぜん》となるものを見てしまったのだ。登山隊が厳重な装備で、多額の

僕もカイラスへ行きたいなあ…
はっきり言って
ただただ
うらやましい
1996

資金と人手と時間をかけて挑戦しているヒマラヤへ、なんとサンダルばきの旅行者がひょこひょこと登ってきたという。もちろんそこはエベレストの頂上などではないが、それでも四千メートルを超えるヒマラヤの山中なのだ。それ以後、その人はネパールからインドに下り、個人旅行を続けながらアジアの山々を一人で登り続けたとのことだ。

この話がどこまで事実なのか僕にはわからないが、充分にありうることだと思う。ヒマラヤ・トレッキングは旅行者にとっては誰でも知っているポピュラーなものだし、それで四千、五千メートルの山々を登ることなどざらだからだ。コースにもよるが、装備などほとんどなくても、それこそサンダル一つでヒマラヤを歩くことは決して不可能ではない。そして、それが冒険でも何でもないことは旅行者の誰もが知っている（以前、ネパールのトレッキング・コースで雪崩《なだれ》が起き、多数のトレッカーが死亡する事故があった。百パーセント安全であるとは言い切れないが、だからといってトレッキングを危険な冒険行為であると批難するのは間違いである）。

香川さんの葉書にある、カイラス山へのパーミットを持たずに公安に捕まった旅行者は、僕の推測では、わずか十元、日本円でたった二百円をけちって、なんとか公安の目を逃れてカイラスに入ろうとしたのに違いない。たった二百円をけちって二千円の罰金を払わされ、そのうえカイラスを巡れなかったとすれば馬鹿じゃないかと思うが、しかし、それが旅行者なのだ。冒険だと思っているのなら、たった二百円などけちるはずがない。ただの旅だと思うから二百円を惜しむのだ。僕はホントにうれしくなってしまったぜ。
香川さんは、きっと楽しい旅を続けていることだろう。これからも気を付けて、よい旅が続くよう心から祈っている。

後でこの文章を読んで、金を惜しんで旅をすることがいいことだと誤解されたかもしれないと思ったので、多少書き足しておく。許可証を取得するために数百円の金を惜しむのがいいとは別に思ってはいない。「馬鹿じゃないか」と今でも思う。膨大な資金を投入して「大冒険」や「大登山」をやっているというような気負いがないのがいいといっているのだが、逆にこんな例もある。最近インドでは外国人がよく訪れる遺跡や名所の外国人入場料を大幅に引き上げた。例えば有名なタージマハールは入場料が約二十ドルになった。その二十ドルを払うのが嫌で、せっかく現地まで行きながら入場せず、外から見るだけという旅行者がいるのだ。僕にいわせれば、これもまた「馬鹿じゃないか」と思う。タージマハールを見にわざわざ現地まで来ておいて、わずか二十ドルの金をけちってどうすんの？　入場料の金額が妥当かどうか別にして、日本からここまで来るのにいくら使ったのか考えた方がいいんじゃないかと僕は思うけどね。

富永さんは十年の旅に出た

『イランへの道』という情報ノートがある。旅行者の間ではかなり有名だったので、読者でも御存知の方がいるかもしれない。

この情報ノートは、もともとイランを旅したある旅行者が書き残したイラン情報だった。それを旅行者が次々にコピーして、新情報を付け加えていったのだ。

それはインドのニューデリーと、トルコのイスタンブールに置いてあった。インド方面からイランへ向かう人が、情報を付け加えた後にイスタンブールに置き、それをコピーして次の旅行者がイランへ向かうという具合いになっていた。情報はどんどん足されていき『イラクへの道』や『エジプトへの道』などという付録まで付くようになった。

先日、その最初の原本の作者のひとりである富永省三さんに会った。富永さんは日本でタクシーの運転手をしている。旅行費用を貯《たくわ》えて、先日ひとまずバンコクへと旅立っていった。これから、およそ十年の旅になるという。

「十年ですか。行きっぱなしで十年？」

僕が感嘆してそう聞くと、彼はあっさりとこう答えた。

「いや、一年か二年で戻ってきますけど、帰ってきても二週間程度だと思います。金を取りに帰るだけですから」

富永さんは地図が好きな人だ。昔は地図を作る会社で働いていたこともあったという。それで、彼の旅はまず一枚の地図から始まる。

「地図を見ていると、等高線や川があって、そこを線路や道路が走っているでしょう。こんなところじゃないかって、情景が想像できるんですよ。それで、実際に行って見てみたくなるんです」

したがって、富永さんは原則的に景色の見えない夜間は移動しない。その代わり、同じところに長く沈没することもない。

「僕なんか移動が早いですよ。地図を見ていると、どんどん行きたくなっちゃって」

前回の旅の日程表を見せてもらったら、ほとんど一日おきに移動を繰り返すハードな日程だった。

「でも、ちょっと底が浅くなるというか、町のことをよく覚えてないところもあるので、反省して、今回の旅はもうちょっとゆっくりまわろうかなと思ってるんですよ」

と、苦笑いする。

それにしても、これまで行った場所の地図を見せてもらったら、よくもまあこんなにまわったもんだと感心するくらい線がごちゃごちゃと引かれてあった。特にイランやイラクなどは、国の中が蜘蛛《くも》の巣状態になっている。

旅の途中、富永さんは、あちこちに置いてある情報ノートに、地図と情報を書き残す。僕が初めて彼を知ったのも、彼が作った(正確には彼と、二人の日本人旅行者が作り始めた)『イランへの道』、それにリビアの地図と情報を見たからだ。

さすがに元地図屋だけあって、彼の地図は方位や距離感覚が正確で、実に使いやすかった。時にはガイドブックに載っている地図さえ距離がいい加減で、歩けるのかと思って行ってみると、十キロ先だったなんて苦い体験がある。彼の地図には決してそんないい加減さはない。

こういう人が旅に出ると、われわれ旅行者はまことに都合がいい。富永さんが地図を見て旅をし、その情報や地図を各地の情報ノートに書き残して置いてくれるのだ。それを目にできた旅行者は、どんなにか助かることだろう。

もちろん、富永さんがそれによって儲かるわけではない。他の多くの旅行者と同じように、無名性の中でなされた情報ノートの書き込みとして残るだけなのだ。

十年の間、富永さんはおそらく世界中を旅することになるだろう。もしかしたらこの本の読者も、旅先の情報ノートの中に、彼の書き残した地図と情報を見るかもしれないし、ある

これは
イランの地図
で、すごくよく
できてて、こっち
は米国《アメリカ》防省の超
精密な地図で、
それから、あの
すごい奴…
地図の話に
なると、やむこ
とのない富永
さんだった。

いは彼自身に出会えるかもしれない。

そんな旅人はひとり富永さんだけではないだろう。多くの旅人たちが信じられないような長い旅をし、世界中のすみずみまで歩きまわり、それを旅先の安宿に置いてあるノートの片隅に書き留めるのだ。

もし読者が、旅の途中で情報ノートを見かけたら、無名の旅人たちが書き記した情報を読むだろう。そして、読者自身もそこに何かを書き残すかもしれない。次に来る旅人たちへのメッセージとして。


以前は世界各地に現地の旅行情報を書き記す「情報ノート」が置かれていたが、近年その存在がめっきり少なくなり、あってもろくな情報が書き込まれていないと旅行者たちが嘆いている。その大きな原因のひとつがインターネットであることは容易に想像がつく。今では世界各地にネットカフェがあるので、旅行者はネットを情報ノート代わりに使っているのだ。もしかしたらガイドブックもネットにとって代わられる日がやってくるのかもしれない。

北極を歩く男

先日、僕の友人が北極から戻ってきた。彼はカナダのレゾリュートを歩いて出発し、およそ五百キロ彼方《かなた》の北磁極に到達したのだ。

彼の名前は、河野兵市《こうのひょういち》。現在の日本冒険界のトップランナーのひとりと目される人だ。彼はこれまで、ユーコン河をイカダで下ったり、マッキンリーやアコンカグアに登ったり、北米を西から東へ歩いて横断したり、パタゴニアを徒歩で縦断したり、その他ここにはとても書き切れないほどの冒険をやらかしている人なのである。

こんな冒険家と何故僕が知り合いなのかというと、五年前、サハラ沙漠の町で偶然に出会ったことによる。僕はヒッチハイクするために車を探しているところだったが、彼はサハラ沙漠をなんと徒歩で縦断している最中だったのだ。

彼のサハラ縦断はその距離約六千キロ。北アフリカの地中海沿岸の町アルジェを出発し、ギニア湾岸のロメまで、四十キロの荷物をリヤカーに積んで、てくてくと歩くこと一日平均五十キロ。驚異的なスピードで、いとも簡単にサハラ縦断徒歩旅行を成し遂げたのであった。

河野さん曰《いわ》く、

「ピクニックのようなもんよ」

普通の人がこんなセリフを吐くと嫌味に聞こえるが、河野さんの口から出ると「そうかもしれんなあ」とすんなり納得できる。それほど彼のサハラ縦断は順調でスムーズなものだった。

その河野さん、沙漠の次は北極を歩き通すという計画を立案したのである。北極を歩くなんて冒険行為は、当然のことながら平凡かつ非力な一般市民の想像の域を逸脱している。僕もそこがどういうところなのか見当もつかない。北極だから寒いんだろうな、死ぬほど寒いんだろうな、ああ、やだやだ、なんでそんなところを好きこのんで歩きたいのだ、こいつは、てなもんである。

で、出発前の河野さんに話を聞きにいった。

「北極は寒いんでしょう?」と当たり前すぎるアホな質問をすると、彼は言った。

「おお、寒いよ。マイナス四十五度やもん」

マイナス四十五度！　それも率直に言って想像の域を脱しているので、やっぱりそれは死ぬほど寒いんだろうなくらいしかわからない。

「それって、どれくらい寒いんですか」

アルジェリアの沙漠の町へ河野さんは歩いてやって来た。
腹へったー
アルジェ
サハラ
Dx
アフリカ
北極から帰ってきた河野さんから話を聞く…
北極から帰ると、ようわかるんやけど、東京はホンマに空気が汚れとるよねえ
なるほどねー
北磁極
河野兵市
KOHNO HYOICHI
1995

「何もかも凍りつくんよ。油まで凍りよるからカメラも動かんようなるよ」

「はあ……、だけどその割には薄着ですね」

河野さんの北極用の防寒着を見せてもらうと、厚手の上着が一枚に、その中はトレーナーのようなシャツが一枚、さらにその下に厚手の下着が一枚。たったこれだけである。

「重い荷物を引っ張らなあかんから、歩いていると暑くなるんよ。これでも汗びっしょりになりますよ。それが凍って寒くなるのね」

カナダ北部でトレーニングしたときの写真を見せてもらったが、テントの中まで氷柱《つらら》がぶら下がっているではないか。

「そら、そうよ。中で息したり煮炊きした水分が凍るんよ。やっぱり寒いけどね。大丈夫、充分眠れるから」

やっぱり、並の人間ではない。

そして、河野さんは一九九五年三月に北磁極を目指してレゾリュートを出発した。御存知の通り北磁極は北極点ではない。方位磁石の針が北を指すとき、その彼方にあるのが北磁極。北極点とは少しずれているうえ、これが常に移動しているのだそうだ。

「それを、どうやって探すの？」

「今年はだいたいここらへんにあるんよ。これで北磁極の現在位置を探すんです」

と言って見せてくれたのが、あの湾岸戦争で一躍有名になったGPSという装置。四つの人工衛星から信号を受けて、緯度、経度がたちどころに判明する機械である。

河野さんが百二十キロのソリを引っ張って歩き始めてしまうと、日本にいるわれわれには彼が無事かどうかはまったくわからない。トランシーバーを持っているが、それを使うのはレゾリュート基地と行う数日に一回の定時連絡、または非常時のみである。北極から葉書を書くわけにはいかないし、その基地とわれわれが連絡を取り合っているわけでもないので、無事に帰ってくるまでは、河野さんがどうなっているのかさっぱりわからないのである。河野さんが出発直前にカナダから「これから出発します」とファックスを送ってくれたが、その日から祈るような日が続いた。

結果は、無事成功であった。予定より幾分早い四月のある日、奥様から無事帰還したとの電話が入ったのだ。やった〜！

帰国した河野さんからさっそく話を聞いた。

「何もかもうまくいきましたよ。次の北極点に向けていい勉強にもなったし」

「何、まだやるの？」

「北極点に行って、そこからベーリング海を渡って、それでロシアから北海道を通って東京に帰って来たいんよ」

「はあ……、先が長いんですねえ。で、どうだったんですか、北磁極は。寒くなかったですか？」

「今回いちばん寒かったのがマイナス三十八度で、風が吹くと結構寒いんだけど、終わり頃の四月になるとマイナス十五度から二十度で、もう暑くてたまらんですよ（笑）。汗びっしょり。身体も慣れてきてるしね」

とはいうものの、今回の冒険が、これまでいろいろやった中でも、いちばんきつかったと河野さんは言う。

「サハラなんか、いくら砂漠だって言っても一日歩いてたら車が通ることもあるし、人も話しかけてくるし、だいたい人のいるところに向かって歩いてるわけだから。だけど北極は違うんよ。本当に誰もいない。完璧に「無」の世界。氷しかないのね。白一色。人の気配があれほどないと……。しかも、歩けば歩くほど人のいる世界と離れていく恐怖ね。本当に怖いですよ。おおげさにいうと月にいるようなもんよね。寒さなんかはそれに比べれば何とかなる」

そのとき、前へ進む力を与えてくれるのは、仲間たちの応援だったと河野さんは言う。

「もう気持ちしかないんよね。みんなが応援してくれてるっちゅうね。今までの経験だけじゃ太刀打ちでけん。僕を後ろからプッシュしてくれる人の気持ちを持って乗り切っていかんと、とても進んでいけんのね。みんなはそんなこと考えとらんかもしれんけど、僕自身はそう思っとるんよ」

どんな冒険家でも、それを乗り越える精神力こそが最も必要だということだろうか。僕のような軟弱な旅行者には到底計り知れないことではあるが、河野さんの話を聞いていると、どんな冒険家であろうとも、人間がやっている以上意志の力がいちばん大切なものなのかもしれないと思ったものである。

ところが、彼ほどの冒険家でも、その泣き所は資金である。彼はマッキンリー登頂もユーコン河下りも、はたまたサハラ縦断もおそるべき低予算で成し遂げてきたが、北極だけは金がかかる。さすがに北極だけは、金がないから簡単な装備で行ってこようというわけにはいかないのだ。

危うし、河野兵市！　なのである。

しかし、次なる目標に向かって頑張って欲しい。まったく何とかならんもんかなあ……。

河野兵市さんは北磁極を徒歩で制覇したあと、一九九七年五月、日本人として初めて単独徒歩による北極点到達に成功した。そして二〇〇一年、北極点から愛媛まで徒歩とシーカヤックで旅をする「リーチング・ホーム」計画に挑んだが、北極海の氷上で遭難。五月二十三日、カナダ・ワードハント島の北約八十四キロの地点で遺体となって発見された。享年四十三。ご冥福をお祈りします。

愛と光のコメットさん

僕はこれまでの旅行中、実にいろいろな日本人旅行者と出会ってきた。十二年間旅行しっぱなしの夫婦もいれば、ニューヨークでホームレスをやったことのある男もいた。しかし、そういった旅行者たちの中で、最も鮮烈な印象を与えたのはこの人をおいて他にない。

その人は「コメットさん」といった。

僕が初めて彼に出会ったのは中国北西部のウルムチという街だった。当時中国は個人旅行者に開かれたばかりの頃で、旅行している日本人も今ほど多くはなかった。ホテルのドミトリー（大部屋）にチェックインして荷物をほどいていると、歳《とし》の頃四十前後、髪も髭も伸び放題の薄汚い男が声をかけてきたのだ。

「やあ、やあ、日本人？　日本人がよくこんなところまで来たなあ。アッハハハ。こんなところで日本人に会えておれはうれしいよ」

こんなところ、こんなところと彼は二回繰り返したが、ウルムチは北京や上海から遠いだけで、特に交通が不便な場所でもなく、この一帯では最も大きな工業都市である。日本人旅行者は確かに少なかったが、他の外国人旅行者はどんどん入り込んできていた。

「まあ、メシでも一緒に食いにいこうよ！」

森田健作のようなノリの人なのだった。

ホテルの近くにある国営食堂に入ると、彼はずかずかと厨房に入り込み、意味不明の英語と日本語と中国語を織り混ぜながら、食堂の人間に何やら指示し始めた。ぎゃあぎゃあとうるさくわめきたてる日本人に中国人は驚いて、初めは彼のやることを眺めていたが、次第に険悪な雰囲気になって、結局厨房から追い出されてしまった。

「いったい何やってたんですか？」

「アッハハハ。僕はいつもこうするんだよ。あいつら何言ったってわかりゃしないんだから、料理の仕方を直接教えてやるんだ。これだと自分の好きなものが食えるだろ」

「はああ……」

とんでもない奴なのである。この中国に来て、国営食堂の労働者にそのような不遜《ふそん》な態度をとれば、どのような仕打ちが待っているか、この男は知らないのだろうか。僕はにわかに不安になってきたが、とりあえず献立にある麺をおとなしく普通通りに注文した。

しばらくすると料理が運ばれてきた。男がいろいろと注文を付けたにもかかわらず、出て

為人民
うわっ!!
中国人民労働者
を怒らせると
あとが怖
いのだ。
ひぇーっ
1996

きたのは僕と同じものだった。「まあ、いいや」と男は多少不満そうな顔をしながら、その麵をずるずるとすすった。

ところが、ほどなく食べ終わろうとする頃、男は「うわっ!!」と声をあげた。見るとドンブリの中にゴキブリが入っているではないか。

「何だよ、これえ〜、げげえ」

僕は笑いをこらえるのに必死だった。

「まあ、まあ、誰だって間違いがありますよ。たっぷり煮てあるから大丈夫でしょう」

やはり国営食堂の人間を怒らせると怖いのだ。男は仕方ないという顔をしてお金を払ったが、受け取った中国人の顔にはどことなく笑いが浮かんでいたのを僕は見逃さなかった。

ところが、その夜から男は猛烈な下痢に襲われた。

「う〜ん、やっぱりあのゴキブリがいけなかったんだろうか」

「そうかもしれませんねえ……」

ゴキブリを煮て食ったからといって必ずしも病気になるわけではない（と思う）。しかしこの場合はあれしか原因が考えられなかった。僕はまたもや笑いをこらえるのに懸命だった。

男は、その日から僕にくっついて離れようとしなかった。どこそこに観光に行くといえばおれも行くというし、ウルムチを出発するといえば、自分もそろそろ出たいという。

日本人旅行者同士、気が合えば行動を共にすることは間々ある。しかし、僕の方はその男とまったくウマが合わなかった。男は一種の奇人だった。シルクロードの荒涼とした景色を眺めていると、絶えず訳のわからないことを話しかけてくるのだ。

「君さあ、中国で一番偉い人って誰かね」

「トーショーへーさんじゃないの？」

「そうか、その男に僕は言ってやらなきゃならん。中国人は子どもだよ。教育をしなくちゃいかんと教えてやろう」

勝手にしてくれ。

「僕はね、これまで中国人と一万人ぐらい友人になったよ。行く先々で握手してきたんだ。みんな大喜びさ。アッハハハ。僕がまわったところは、後から日本人旅行者が行くのに楽になってるぞー。アッハハハ」

冗談で言っているにしてもうんざりだが、本気でこのようなことをのたまっているのだから、聞く方はたまったものではないのである。なんとか別れる手だてはないものかと思案していたら、あるところで別の旅行仲間ウチュージンと遭遇した。

「ジンさん、ジンさんじゃないですか」

「あれ、ウチュージンさん。久しぶりですねえ」

「ちょっとちょっと、あそこにいるのはコメットじゃないですか？」

「あいつ？　名前はまだ聞いてなかったなあ。変な男でさ、ついてきて困ってるんだよ」

「ジンさん、コメットのこと知らないんですか？　前に話したでしょう。バンコクの日本人の溜まり場ホテルから追い出された奴ですよ」

「そうだったっけ……」

ウチュージンの話によると、男は自称コメットといい日本人旅行者の間では超有名人なのだそうだ。とにかく奇態な奴で、バンコクの娼婦と揉《も》め事を起こして刃物沙汰になったり、ホラ話で旅行者から金を巻き上げたりと、何かと騒ぎを起こさない日はない名物男だという。

「そういえば、自分のことを有名人だって言ってたなあ」

「冗談じゃないですよ。あいつと一緒にいたら何があるかわかったもんじゃない。そうか、ドイツ人旅行者が言ってたクレージー・ジャパニーズってコメットのことだったんだ」

「何だよ、それ」

「いやね、この前からヨーロッパ人旅行者が、クレージーな日本人に会ったって話をしてたんですよ。誰のことかと思ったら、あいつだったんですねえ。みんな奴と同じ方向に行かないように、避けて旅行してますよ」

「そんな有名人なの。まいったなあ」

「ここらへんで別れた方が身のためですよ」

ウチュージンのありがたい忠告にしたがって、僕は次の日に男と別の方向に行くことにした。男は別れを惜しんで、名刺と称する大きなコピーを僕にくれた。そこには彼の名前が書かれてあった。

「愛と光のコメットさん。別名アラン・ドロン・ケネディ」

やはりコメットさんだったのだ。〈名刺〉には彼の写真、詩、好きな食べ物、尊敬する人物などが列挙されており、赤いボールペンで「流れを美しくしなさい」と大書してあった。彼に言わせると、これが書いてないものはニセモノで、最近ニセモノが出まわって困っているそうだ。

ようやくコメットと別々になれた僕は、再び心穏やかに中国の旅を続けたのだった。

さて、無事にコメットと別れた僕は、敦煌《とんこう》へ向かった。ここは井上靖の小説にもなっているが、莫高窟《ばっこうくつ》という仏教画の残る洞窟で世界的に有名なところだ。

ここで面妖《めんよう》な日本語を見た。入口の脇《わき》に紙切れが貼ってあり、そこに次のような文章が書かれていたのである。

「ここにきた日本人は、係員から私のフィルムを取り返して、北京の日本大使館に送ってください。コメット」

なんじゃ、これは。フィルムを取り返して大使館まで送れだと？ 何を考えてるのだ、あの男は。莫高窟は写真撮影が禁止されている。それを無視して撮影し、見つかってフィルムを没収されたのだろう。いかにもコメットがやりそうなことだ。もちろん僕は〈コメット指令〉を笑って無視し、その紙を破り捨てたのだった。

それからさらに中国の旅は続き、僕は北京に到着した。その頃北京の安宿といえば僑園飯店というホテル一カ所のみで、バックパッカーたちは自然とそこへ集まってきていた。ドミトリーのベッドをもらい、そこにリュックを降ろすと、ホテルの係員が僕のところにすっとんできた。

「あなたは日本人か？」

「そうだよ」

「パスポートを見せなさい」

「フロントでもう見せたよ」

「いいから、私に見せなさい」

何だかずいぶん険悪な雰囲気だ。どうも変だな。係員は僕のパスポートを見て、日本人であることを確認すると、それを預かるという。ちょっと待ってくれ。このホテルではいちいちパスポートを預かったりしないはずではないか。なんで僕のだけそんなことになるんだ。そう文句を言うと、係員は憤激しながら、とにかく日本人のパスポートは預かる、文句があるなら出ていけなどと、穏やかならぬことをわめき散らすのであった。

いったいどうしたというのだ。僕の頭に巨大な疑問符がうかんできたところに、その解答がドアをくぐってやってきた。コメットである。

あちゃー、あいつもここに泊まってやがったのか。係員のいっそう険しくなった目もそちらに釘付け。やっぱり。

「あいつがどうかしたのか？」

僕はできるだけ同情的な表情をして、その係員に聞いた。

しかし、係員は僕の質問に答える余裕などなかった。即座にコメットのもとに歩み寄り、何事かをまくしたて始めた。何だかすごく怒ってるぞ。こういうときは君子危うきに近寄らずだ。訳を知ろうとしてコメットなんかに話しかけると、こっちに災難が降りかかってくる。どさくさに紛れてパスポートも無事だったことだし、僕はそそくさと街へ出かけたのだった。

北京を後にしてから、僕は長く旅をしていそうな旅行者に会うと、ときどきコメットのことを尋ねてみた。いったいあれはどういう人間なのか。彼を知っている旅行者は数人いた。

誰も彼の生い立ちなどは知らなかったが、彼が旅行中何をやったかについては教えてくれた。

いわく、パスポートに自分ででたらめな文章を書き込んでイミグレーションで捕まった、旅行者から金を借りたまま返さないでいなくなった、地元の人間と喧嘩して留置所にぶち込まれた……などなどろくな話がない。あの男が外務省からパスポートを発給されて海外旅行できてるのが不思議なくらいですよと、ある旅行者は言ったものだ。

「あいつね、バンコクの溜まり場から追い出されたでしょう。その前は、自分のポスターをホテル中に貼りまくってたんですよ」

「ポスター？　何のポスターですか？」

「自分のポスターですよ。コメットがやってきたみたいな。訳がわかんないでしょ。そういう奴なんですよ、あいつは。もう全部はがされちゃったって話ですけど」

確かに不思議な男ではあった。話を聞くと、彼は何年も前から世界中を旅してまわっているらしい。そんな旅行者は他にもたくさんいるが、彼らは外国や日本で働いて資金を稼ぎ出せるごく普通の人々であり、それほど不思議ではない。しかし、コメットの振舞いを見ていると、彼が労働で金を得られる性格であるとはとても思えないのである。他の旅行者もこの意見には深く同意して、きっと金持ちの家に生まれて、日本にいられると面倒だから外国に追い出されてるんじゃないですか、などと無責任な意見が飛び出すのであった。

はっ
はっ
はっ
うん、まあ ざっと35キロ ぐらいかな
人生は 美しく流れなきゃ ダメだよ
特大のリュックサック
〈名刺〉
す、すごい荷物ですね

「そういえば、あいつバンコクのホテルで、自分の部屋のドアに『日本製コンドーム売ります』って貼紙してたなあ。あれで商売してるのかもしれないですね。ははは」

ウルムチで会ったとき、僕は彼のバッグの中身を見せてもらったことがある。背負うと上半身がすっぽり隠れるほどの巨大な登山用リュックを、よろよろとかついで歩くので、いったい何キロあるのかと訊くと、三十五キロだという。それで彼が中を見せてくれたのだ。

入っているものを見て僕は驚嘆した。やっぱりこれは普通の旅行者ではない。

まず、二百枚ほどの名刺。前に書いたようにB４判のコピーだ。これを会う旅行者に配りまくっているのだ。それから電気スタンド。彼は夜間、読書を行うので、これは必需品なのだと言う。読書好きの彼が持ち歩いている本が十冊ほどあった。空港でくれる免税商品のカタログ、パンフレットの類《たぐ》いがほとんどである。

そして電気コンロ。今の日本では見かけなくなってしまったが、ニクロム線を螺旋《らせん》状に巻いたヒーターである。それに鍋釜一式。無論これは煮炊きに使うという。

長期旅行者はこういう物が必要なのか、などとは思わないで欲しい。こんな物を持ち歩いている旅行者は恐らくコメットただひとりであろう。今の世の中、もうちょっと軽くて性能のよいものがいくらでも出まわっている。これで三十五キロか。人ごとながら僕はため息をついた。

それから半年後、僕は中国、東南アジアとまわってインドのニューデリーに到着した。そこで三たび彼と出会ってしまったのだった。

「ありゃ、コメットだ！」

僕はニューデリーの安宿街で、あのコメットが歩いているところに出くわしたのだ。僕はとっさに身を隠して、彼がどこへ向かっているかを見届けようとした。すると、日本人の溜まり場ホテルへ入っていくではないか。

幸運なことにそのとき僕はそこに泊まっていなかった。だが、友人たちが何人かそこにいる。夜になってこっそり訪ねてみた。

「おいおい、コメットがここに泊まってるぜ」

僕がそう言いながら部屋に入ると、

「知ってますよ。もう大変だったんだから」

「えっ、また何かやったの？」

「そうなんですよ……」

友人たちが話してくれた事件は次のような顛末《てんまつ》であった。

安宿街の食堂でコメットはメシを食っていたという。そのとき食堂の人と何かの理由で揉めたのだそうだ。多分、料金が高いとか、持ってくるのが遅いとかの理由だったのだろう。それで、コメットは頭に血が上って、煮え立った大鍋をひっくり返してしまったのだ。

「ほら、よく牛乳を煮るでかい鍋があるじゃないですか。あれを路上にひっくり返しちゃったんですよ。それで通行人が火傷《やけど》して大変だったんです。すぐに警察が来て、あいつボコボコに殴られて留置場行きですよ」

「むちゃくちゃやるな。しかし、よく留置場を出られたね」

「保釈金を積んだんですよ。五百ドル。それも持ってなくて、ホテルの旅行者がちょっと出してやったんですけどね」

「金を出してやったの？　うーん、かえって留置場に入れといた方が、みんなに迷惑がかからなくてよかったんじゃないの？」

「おれはそう思いましたけど、助けてやろうじゃないのっていう奴もいるんですよ。だけど、出てきた途端に偉そうな顔をしてバカばっかり言ってますけどね」

そういって友人は笑いながら、コメットの物真似《ものまね》を始めた。

「あいつね、ドミトリーに入ってくると、みんなを見渡しながらこう言うんですよ。

『おれのファミリーはいねえか？　誰もいねえのか。けっ、最近の旅行者はたいした奴がいねえな』

　みんなびっくりして、あの人誰ですか？　って。なかなか説明できなくて困ったもんです（笑）」

「ところで、何であいつ『コメット』って呼ばれてるの？」

「自分で言ってるんですよ。おれが初めて会ったとき、あいつこう言ったんですよ。『コメットさんが言ってるから、間違いないよ』

　それで、そのコメットさんって誰だって聞いたら、自分がコメットさんだって（笑）。そういう奴なんですよ」

　僕が中国でコメットに会ったのを知っている旅仲間が、僕に言った。

「ジンさん、コメットの名刺持ってます？」

「あのコピーのこと？　持ってるよ」

「あれに書いてありますよ」

　どれどれ。ろくに読まずにバッグの片隅に押し込んでおいた「名刺」を取り出して見てみた。

「ほら、これ。愛と光のコメットさん。ラブ・アンド・サンシャイン、カム・トゥー・サンって書いてあるでしょう。COME TO SUNでコメットさんなんですって」

「なるほどねえー」

われわれは思わず笑ってしまった。

「ジンさんも、この名刺を持ってるってことは、コメット・ファミリーの一員なんですよ」

冗談じゃないよ、と、このときは笑い飛ばしたのだが、本当にそうかもしれないと思いあたることが実は数年後にあった。日本にいるとき一枚の葉書がコメットから届いたのだ。そこにはこう書いてあった。

「ハレー彗星《すいせい》を追い求めて、南の島へ旅立ちます」

おお、かっこいいじゃないの。南の島っていったいどこへ行ったんだろう。そのときは漠然とそう思い、それきり忘れていたのだが、それからまた数年後、僕はタヒチへ旅をした。そのタヒチ島のそばにある小さな島フアヒネ島の民宿で、なんとコメットの痕跡を発見してしまったのだ。

民宿には旅行者たちがメッセージを残すノートが置いてあった。僕もそれに一筆書くようにと宿の人に言われて、ノートをめくっていたのだ。するといきなり僕の目に飛び込んできたのは、

「ラブ・アンド・サンシャイン、愛と光のコメットさん参上！」

う〜む、こんなところでコメットのメッセージを見ようとは。

ヤアヤアおれのファミリーはえがいね
タオル1枚でホテルをうろついてヒンシュクを買うコメット

「マダム、この日本人を覚えてますか？」

「ああ、この人ね、面白い人だったわよ。フレンドリーな人でね、何をやるにも大騒ぎだったわね」

宿のマダムは笑っていたが、僕はそこで何が起こったかなんとなく想像がつく気がした。

話は再びニューデリーへ戻る。ホテルのドミトリーで話をしていたら、日本から来たばかりの大学生がわれわれに話しかけてきた。

「すいません。ここに泊まってるコメットさんってどの人だか御存知ですか？」

「今いないみたいだよ」

「そうですか……」

「コメットがどうかしたの？」

「いや、有名な人だって聞いたもんで、ちょっと会ってみたいなと思って。サインをもらいたかったんですけど」

「サイン⁉　コメットにサインを？」

われわれは開いた口がふさがらなかった。サインなんかねだったら、コメットの高笑いはとどまることを知らないであろう。しかし、有名人ならサインをもらおうというこの短絡した発想は何なのだ。いいかげんにしてくれ。結局、この大学生はコメットに会うことができなかった。われわれは、ほっとタメ息をついた。

自分は有名であると自分で言い続けてきたコメットさん。妄想を抱きながら旅していると しか僕には思えなかったが、こういう大学生に騒がれると、いつの間にか「有名人」となり、サインをするような存在になっていくのかもしれない。

この話は十年以上昔の話である。今の旅行者に聞いてもコメットを知る人はほとんどいない。僕が最後に彼の噂《うわさ》を聞いたのも五年前のことだった。ある旅行者がこう言った。

「ああ、コメットねえ。なんでもどっかの国で警察に捕まって刑務所に入れられてるって話を聞きましたよ。どこの国だったかなあ……」

この噂が事実なのかどうかはもちろん確認しようがない。多分、ただの噂だろうと僕は思う。でも、何故か僕には、コメットが今でも元気に旅を続けているとは思えないのである。

愛と光のコメットさんは今どこに……。

【第四章】旅をめぐって

観光旅行はすばらしい

海外を長く旅する人間は、観光地などには行かないというイメージがあるのだろうか。ある人が、「蔵前さんは、観光地なんかには行かないですよね」と言うので、「行きますよ。僕は観光地や名所旧跡が大好きですから」と答えると、「え〜っ！　ホントですかあ」と、その人はいかにも意外そうに驚くのだ。僕にはそのことが意外であり、驚きだった。

どうして僕が観光地を好きだと意外なのだろうか。確かに僕は、自分の本の中であまり観光地見物について書いてこなかったかもしれない。自分の旅先を、僕はいちいち観光地であるとは書かないが、バンコクだってカルカッタだって、あるいはナイロビだって、そこは観光地である。

ともあれ、僕は観光地が大好きである。旅の目的のひとつは、そういう観光地、例えば遺跡、寺院、名所旧跡の類いを見てまわることだと言ってもいいぐらいだ。

旅の長短を問わず、旅行者の中にはいわゆる観光地を見に行くのが嫌いな人もいるし、それどころかそれを軽蔑している人さえいる。それはそれで人の勝手なので僕はどうこう思わない。見たくなければ見なければよいのだ、観光地ぐらい。

しかし、僕はいわゆるひとつの観光地マニアなので、しばしば観光地を目当てに旅をするし、旅の途中で観光地があったらできる限り見逃さないようにしている。

観光地といってもいろいろである。例えばインドのタージマハールのような、その国を代表する歴史的建築物から、モロッコのカスバのように今でも人々が暮らしているところまで。だが、だいたい共通して言えるのは、どの観光地も、その国や地域の歴史と文化を象徴しているということではなかろうか。

僕は文化人類学者でもないし歴史学者でもないが、そういうところに行くとなんだかうっとりしてしまうのである（しないところも中にはあるが）。例えば、かの有名な大観光地イランのペルセポリス。それこそ日本では中学生の教科書にも載っているこの観光地中の観光地は、およそ二千五百年前に建造されたものだ。

二千五百年前といえば、日本ではまだ縄文時代末期。その頃この地では豪勢な王宮文化が栄え、精巧な芸術を生み出し、王様が世界のあちこちから貢ぎ物を持ってこさせてハーレムの中で酒をくらっていたのである（と言われていたが、現在ではこのハーレム説は否定されているらしい）。その跡が、現在でもはっきりと残っている。

エジプトのピラミッドだってそうだ。あれは三千五百年から四千五百年前に造られたものだが、実際に行って見てみると、本当にとてつもない建造物であることを実感できる。「王家の谷」の中の絵など、昨日描いたものではないかと思えるぐらい生々しく残っている。僕はそういうものを見たり触ったりすると、これが人間の歴史なのかと司馬遼太郎のような気分になってしまうのである。

しかし、ハズレの観光地もたまにはある。どことは書かないが、ごくごく稀《まれ》には、あんまり面白くないところだってないわけではない。ただ、それはその人自身の見方でしかないのだから、面白いのか面白くないのかは一概には言えないし、どんなところでも少しぐらいは取柄があるものなのだ。

もちろん観光地の遺跡や名所だけがその国や地域の歴史と文化を表わしているわけではない。観光客の来ない街角や、そこら辺にいるおっさんが文化そのものであるかもしれない。僕は観光地も含めて、そういう人や街を眺めるのが好きなのだ。

ただ、あまり有名な観光地だと、観光客にまとわりついてくる人間と、金をまき散らして歩いている観光客とに疲れてしまうこともある（それを見るのが趣味だという旅行者に会ったこともあるが）。その反対に、貴重な歴史的遺跡が、訪れる人もなくひっそりとしている場合もないわけではない。

例えば、タンザニアのキルワ島などはアフリカでも指折りの遺跡だと僕は思うが、当時は

タンザニアのキルワ
ポルトガルのたてた
要塞跡
すごーい
!!

ガイドブックにも載っていなかったし、交通はものすごく不便で、訪れる人もほとんどいなかった。しかし、かつてここはアフリカとアジアとの貿易で栄えた大国際港だったのであり、東アフリカ最大のモスク跡が今も累々と残っている。タンザニア政府は金がないので、この大遺跡を観光開発できないでいるという。ホテルは木賃宿しかないし、交通機関も雨期になるとすぐ不通になってしまう。その上キルワ島に渡るには、小さな帆舟を自ら雇って何時間も行かなければならないのである。

カンボジアのアンコール遺跡だってそうだ。アンコール遺跡は世界に名だたる大遺跡だが、前にも書いたように、旅行者たちは内戦の混乱をくぐり抜けて遺跡を見物に行き、「すばらしかった」と、その感想を述べている。これだって「観光旅行」である。

こういうところを苦労して見られたときは、「やった！」と感激もひとしおだ。

そこが、ただ有名な観光地であるという理由だけで嫌悪するのは、僕にはいかにももったいない気がしてならない。

日本人観光客は悪名高いのか

調べたいことがあって『現代用語の基礎知識一九九二年度版』(自由国民社)をぺらぺらめくっていたら「旅行用語の解説」という覧に、キーナンバーという見出しで、以下のようなことが書いてあった。短いので全文引用してみよう。

「1099万7000人／1990年1年間に海外旅行をした日本人／90年に海外に出かけた日本人旅行者は1099万7000人で、初めて1000万人の大台に乗った(観光白書)。円高傾向と日本経済の好景気に乗じて、海外で金を使いまくる日本人、そのおかげか、90年の日本の国際旅行収支は213億5000万ドルの赤字となった。この額は90年の日本貿易収支の黒字額の約3分の1にあたり、悪名高き日本人観光客が貿易黒字幅の縮小に寄与していることがわかる」(傍点は筆者)

海外で金を使いまくる日本人観光客が珍奇の目で見られているのは、日本人が金持ちだからというよりも、世間知らずだからだという気がするが、そのおかげで貿易黒字を三分の一も減らしているとはたいしたものではないか。

そういう日本人観光客は実は、どこへ行っても歓迎されている。当然の話だが、値切るのが下手で金払いがいいとなれば、これを歓迎しない商売人はいない。ペルーのフジモリ大統領（当時）などは、日本政府がペルーに対して観光旅行自粛を呼びかけているのはけしからんと抗議しているほどだ（フジモリ大統領は商売人ではないが、観光客の減少でペルーの観光収入が落ち込み、苦慮しているのだ）。

したがって、日本人観光客は、外貨の乏しい国からは切望されているのであるが、日本人観光客の方は、あんまりそういうところには行きたがらない。日本人に人気のある海外旅行先は、ハワイ、グアム、香港、シンガポール、中国、ヨーロッパ、北米などだそうだ。

僕は旅の途中で何度も（主に欧米人から）日本人観光客の悪口を聞かされてきた。安宿に泊まって、こっちが日本人だとわかると、ときどき〝日本人観光客論〟で議論になってしまうのである。彼らは言う。

①「日本人は、何故ああ忙しく動きまわって写真ばかり撮っているのだ」
②「日本人は、何故あんなに買い物ばかりしているんだ」
③「日本人は、何故いつも団体なんだ」

どいつもこいつも、こればっかり言いやがる。あ〜、うっとうしい。それに対して僕は次のように答えた。

トー、トー
ジー
ザンジバル島で、(タンザニア)いやがるイスラム教徒を、無理矢理ビデオに撮る白人
中国の大理で、金をやるといって、乞食をビデオに撮る白人のおばさん。
こういうのは、洋の東西を問わず、どこにでもいるのだ。
1993

①時間がなくて、写真が好きだからだ。
②買い物をするために旅行しているからだ。
③個人的な旅行が一般的でないからだ。

しかし、以上の三点は、実は日本人観光客独特の習性ではない。アジアやアフリカを旅していると、忙しいスケジュールの中で写真を撮りまくって、たくさん買い物をする団体観光客など、ヨーロッパ人にもたくさんいるのである。ただ日本人が独特なのは、ヨーロッパ人に比べると金払いがいいということと、団体に比べた個人の旅行者の比率が、ヨーロッパ人の方が高く、日本人の方が低いということだ。

だから、何なんだ！　日本ではそういうのを「五十歩百歩」と言うんだぞ。これを英語で言えないのがつらい（まさか「フィフティ・ステップス、ハンドレッド・ステップス」とは言わないだろうしなあ）。大方の欧米人観光客だって、日本のカメラをぶら下げて写真を撮っているのだ。かくいう個人旅行者の連中だって日本のカメラを持っているではないか。

要するに、日本人は目立ってしまうのである。ヨーロッパ人にすれば、団体で観光している東洋人はみんな日本人に見えてしまうのだ。

南アの喜望峰という有名な観光地で、僕は宿に泊まり合わせたドイツ人、アメリカ人、オーストラリア人などと観光に行ったことがある。そのとき団体で写真を撮っている東洋人がいた。台湾からの観光客である。一緒の欧米人に、彼らがどこの観光客だかわかるかと聞いたところ、誰もが日本人と答えた。僕がドイツ人とオーストリア人の区別がつかないのと同じで、彼らだって日本人と中国人の区別などつかないのだ。

悪名高い日本人観光客というが、基本的に日本人は歓迎されている。特に日本人観光客だけを入国させない国などほとんどない。

にもかかわらず、日本人観光客は一種のイメージを築いている。カメラ、買い物、団体――。これを「悪名」と呼ぶかどうかは別にして、時間がたてば、そのうち落ち着くところに落ち着くというのが僕の見解である。旅慣れてくれば買い物も上手になり、値切ることが恥ずかしくなくなり、ヨーロッパのブランド品をそれほど欲しがらなくなり、そして個人旅行者も増える。写真など何枚撮ろうがかまわんではないか（要はそのマナーなのだ）。

その代わり、今ほど日本人観光客が歓迎されなくなるかもしれないな、とは思うが。

「五十歩百歩」は英語で　There's only a fifty-step difference.　というそうである。類似した英語のことわざとしては、The pot calls the kettle black.（鍋が釜を黒いと言う）というのがあって、意味は「自分の欠点は棚に上げて人の欠点を責めること」だそうである。覚えておいていつか言ってあげたいものである。

シルクロードの旅のお値段

一九九五年夏、海外へ出る日本人が史上最高の人出となり、二カ月で三百万人を突破する勢いだという。昨年一年間の海外渡航者数が一三六〇万人だそうだから、大変な数の日本人が海外旅行をする時代になったものである。円高や旅行費用の割安感がともなって、韓国、台湾、サイパンなどへ出かける人が最も多いそうだ。

それから、これも新聞で見つけた記事だが、近場の外国に短い休みを利用していく流れがある一方で、二カ月近くかけてシルクロードをバスで旅するツアーもあるそうな。中国の西《せい》安《あん》からイスタンブールまでの一万二千キロを五十日間かけてバスで走破するツアーを、ある旅行代理店が販売したのだ。料金は百二十五万円。決して安くはないお値段だが、これが予想以上の人気を集め、定年退職した六十歳代の男性を中心として三十人あまりの応募があったという。記事の解説によればこうだ。

「時に野外で用をたし、状況によってはルートの変更もある。異例ずくめのパック旅行のため、成立自体が危ぶまれていたが、どうやら、ありきたりの旅にあきた人々に『シルクロー

ドの持つ魅力と冒険の香りがうけた』ようだ」(95・7・20／朝日新聞)

わだちをたどって遺跡に向かう途中には便所もなく、シャワーしかないホテルにも泊まると書いてあるが、だいたい中国のウルムチ～西安幹線からシルクロードを西へ向かえば、ほとんどの宿にシャワーなど付いていない。シャワー付きのホテルがたくさんある都会でも、トイレ・シャワー共同の宿しか泊まらないバックパッカーには、まあ当たり前といえば当たり前なのだが、百二十五万円も払えるような人は、やっぱり驚くのかもしれないなとは思う。

僕がここで書こうとすることは、それではバックパッカーがこの旅をやったらいったい幾らぐらいかかるのかということである。粗雑な計算だが、ちょっとやってみよう。

日本から船に乗って上海まで行き、そこから列車で西安へ行く。宿・食事・交通費用すべてあわせて、そこまででだいたい五万円程度だろう。西安からバスで敦煌《とんこう》を通り中国国境までが約一万円。中国からカザフスタンなど四カ国を通ってイラン、トルコへ向かうルートはビザ代などがよくわからないが、一カ国五千円として二万円。ホテル代が高いという話なので平均五千円として二週間で七万円。諸経費を含めて中央アジア四カ国で十五万円にしよう。

イラン、トルコはあまり金はかからない。旅をするのも楽だから、この二カ国で二週間と見積ると、全費用一日五千円として七万円になる。

これを全部足すと二十八万円也という計算になる。旅の仕方によっても異なるが、二十五万円から三十五万円あれば旅行できると僕は思う（ただしイスタンブールから帰国する費用がプラス七、八万円かかるかな）。

そうすると、旅行代理店はかなり儲けているのではないか？　などと思わないでいただきたいのだが（これでどれぐらい儲かるのか僕にはまるでわからないのだ）、もし僕のいう最低料金でここを旅したら、恐らく様々なトラブルの連続であろうと推測される。便所がないとかシャワーがない程度は実はトラブルには入らない。

まず考えられるのは、中央アジア四カ国のビザをスムーズに取得できるのかという問題だ。この地域のビザ情報は日本ではほとんど出まわっていないので、実際に現地に行ってから情報を収集しなければならないだろう。特に中央アジア諸国に関しては、日本ではガイドブックなども発売されていないので、地図もないし、宿の在処《ありか》もわかっていない。となると、かなり面倒で時間のかかる旅になるのは間違いない。

したがって、このパック旅行はそのあたりのノウハウを売っているのだと考えなければならない。お金があるなら、これが魅力的な旅行であることは否定できない。

だが、世界中で大旅行時代が訪れている昨今、ガイドブックもなく、地図もなく、現地の様子もさっぱりつかめていないような訳のわからない場所へ旅行できるのは、実は貴重なことなのである。そんな地域はもうなかなかない。今のところ日本でガイドブックが発売され

ていないのは、中央アジアと極地とアフリカ最奥部ぐらいで、他の場所はほとんどすべての地域にわたって、あそこには何があり、ここにはあれがあると書かれてある。

だから、できればその訳のわからなさを旅の魅力と思って進んでいければなと思うのだ。もちろんパックに参加するのも結構なのだが、百二十五万円を一度に払える人などそんなにいないだろう。だったら自分の力で行くしかない。そして、そこで起きるトラブルこそが旅そのものだと僕は思うのだが、いかがだろうか。

一九九四年の海外渡航者数は千三百六十万人だったが、読者も御存知のように、その後も海外渡航者数はぐんぐん増えていき、二〇〇〇年には千七百八十万人まで増加した。不況やら事件・事故やらで〇一年は千六百二十万人へ減少。〇二年もアメリカ同時多発テロ事件の影響でさらに減少したが、〇二〜〇三年の年末年始は過去最高の数だといわれている。

日本人が失った何だって？

海外の人々や生活、あるいは自然を扱うときに「日本人が失ったものがそこにある」という常套句《じょうとうく》がある。テレビを見ていると、レポーターなどが子どもを見ては「日本人が失ったキラキラした目の輝き」を発見し、大人が笑う姿を見ては「日本人が失ったいきいきとした笑顔」を読み取ってしまうのだ。特に〝発展途上国〟の取材の際に見られるお決まりのパターンだ。

僕はそういう言葉を聞くとゾッとする。本当にあなたはあのガキどもの目に、日本の子どもにはないキラキラした輝きがあると思うのか？　と問いただしたくなってくるのである。だいたいそういう場合、道端でころげまわっている子どもだったり、田舎の農村で学校に行けない不幸な子どもだったりするわけだが、日本の子どもたちが塾通いに精を出し、栄養ドリンクを飲んだりするのと比べると、ずっといきいきしているとか、いじめにあっている日本の子どもたちより、農村の子どもたちの方がいきいきと働いているとか、ほとんどそういう次元の話だ。

もしテレビを見て、ほーそうなのかと思う方が読者の中にいらっしゃいましたら、そんなことはございませんので、以後よろしくと僕は申し上げたい。あれは、彼らの勝手な思い込みにすぎない。

だいたい、そこらへんの道端でキャーキャー笑っているだけの人間なら日本にだってたくさんいるではないか。バスの中を見よ。高校生などがうるさいくらいに笑っている。ガキだってギャーギャー笑いながら電車の中を走りまわっている。あれを見て、「ああ、現代の日本人が失った笑顔をしている」などとほめる人がいるだろうか？　これは〝発展途上国〟の取材だから、そんな台詞がでてくるのだ。アメリカ人の子どもが笑うのを見て、今の日本人が失った笑顔だと評する人はいないだろう。つまり、日本も昔は発展途上国だったが、経済発展したために失った笑顔を、現在の発展途上国の子どもがする、と言いたいのだろう。

だが、経済未発展で貧困に苦しみながら笑うのが嫌だからこそ日本人はここまでがんばってきたのではないか。当の〝発展途上国〟の人々も日本のような経済大国になりたい、それが必ずしも日本型のモデルではなくても、日本のような水準の生活を営みたいと思ってがんばっているのだ。道端で笑っている子どもだって、食うものがなくて腹が減れば泣くだろうし、物だって盗むかもしれない。学校にも行けずに幼い弟妹の世話をしなければならない子どもが、塾に通える日本の子どもよりいきいきとしているなんて言ったら、彼らの親は何と

この前、ニュースでカトマンズのストリート・チルドレンについて報道していた。

彼らは、学校にも行けず、親に農作業で酷使されるのが嫌で、都会へ逃げてきたのだという。

イエーイ！

ギャハハハ
これが「日本人の失った笑顔」の正体だ。

答えるだろうか。人が笑っているところだけ見て、そんなに都合よくシンプルにものが言えるものなのかね。

つまり、彼らは結局のところ、自分が失ったものの何かを勝手に投影しているにすぎないのである。貧乏な暮らしをして、CDもラジカセもなく、服だって満足にないのに、彼らはこんなに屈託のない笑顔で自分に接してくれる。ああ、なんてすばらしい笑顔なんだろう、という具合い。

無論それが「表現」としてすぐれていれば、あるいは説得力を持つこともなきにしもあらずだが、すぐに「日本人が失った何かがある」というような愚にもつかない台詞しか出てこないから嫌になる。もっと勉強したらどうかねと言いたくなるのだ。この台詞はテレビだけでなく、有名な作家なんかもよく使うので、読者はこれから注意してお読みになるとよいと思う。

で、実はここまでは前口上。最近読んだ田中真知のアフリカ旅行記『アフリカ旅物語　中南部編』（凱風社）で、何故、何かがそこにあるように感じられるのかについて、明確に述べた文章があったのでちょっと紹介しよう。著者は若い日本人旅行者だが、密林の大河ザイール川（コンゴ河）を丸木舟で下る旅を行う。ヨーロッパ人の探検家たちによって世界に知らしめられた「暗黒大陸」としてのアフリカは、なぜそれが「暗黒」であったのか。田中真知さんはこう書いている。

「たしかにここには人間の理性をかき乱し、得体の知れない不安をかきたてる何かがある。自分がこれまで疑うことなく寄り添っていたものが急にあやふやになって、その底に暗い深淵がぱっくり口をあけているのを見たような漠たる恐怖が、皮膚をぴりぴりと逆撫でする。それはこのアフリカ奥地への地理上の旅が、じつは自己の内面におしかくされた闇のなかにむかう旅にかさなるからなのかもしれない。コンゴ河をめぐる近代の歴史をふりかえるとき、この河を遡る空間的な旅は、じつはヨーロッパにとっては、みずからの精神の暗部にむかう内的な旅にほかならなかったのではないかという気がしてくる」

「暗黒大陸とか闇の奥という言い方は、たんに地理上の奥地を意味しない。それはふだんおおいかくされているみずからの内なる闇が浮上してくる場所と考えたほうが、あたっているように思う。それは、ぼくたちのような今日の旅行者にとっても同じなのかもしれない」

彼がアフリカの密林で見たものは、人間の内なる闇であった。「日本人の失ったキラキラした目」だって、現実にその子どもの目がキラキラしているというよりは、それを求める取材者の欲求が立ち上がっているからにほかならない。そして、不幸なことは、表面的な笑顔を見るだけで充足するが故に、その裏側にある闇が少しも伝わってこないということなのである。

理想のガイドブック

以前、僕はインドシナ半島諸国のガイドブックを制作した。ガイドブックの制作は本当に面倒で大変だと、これを作ってつくづく思った。まず、外国に取材に行かなければならない。地図などの図版をたくさん作らなければならない。データ原稿が多いのでチェックを厳しくしなければならない、などなど普通の本を作るより面倒な点が多いのだ。それでもって、データが間違っていると読者から鋭く突っ込まれ、文句を言われるから、労多くして冷や汗タラタラの仕事なのである。

世に出まわっている海外旅行用のガイドブックで、最も有名なものといえば、おそらく『地球の歩き方シリーズ』であろう。世界各国いろいろ出版されていて、いったいどれくらいの国と地域が出ているのか僕も正確なところは知らないが、この本が出ている国を歩いていて、見かけなかったことはないくらいだから、本当にたくさんの人がこの本を持って旅行していると見ていいだろう。

したがって、これほど大量に出まわっていると、当然様々な批判も旅行者の間から沸き上がってくる。やれ高い、間違ってる、無駄なページが多いｅｔｃ。僕は特に『地球の歩き方』を弁護しなければならない立場にはないが、旅行者諸君、文句を言うなら自分で作ってみなさいと言いたくなる。というわけで、自分で作ってみたら、これが本当に大変なことだとわかったのだ（笑）。

高いと思うなら買うな、取材当時のデータがいつまでも変わらないと思う方がどうかしてる、あなたにとって無駄なページが他の人にも無駄だとは限らない、と反論することはできるが、それではあまり生産的ではないので、旅行者の批判を活かし、理想的なガイドブックを作りたいと思う。思いはするのだが、これがまたなかなか簡単ではない。なにしろ、その「理想的」といえる像がはっきり見えてこないのだ。

海外へ向かう旅行者は、一つの目的、一つのやり方で旅しているわけではない。買い物が目的の人もいれば、遺跡見物の人もいる。パック・ツアーの人はバスなどはチャーターだが、個人旅行者は全部自前だ。つまり、必要な情報がてんでばらばらなのである。

日本人旅行者はみんな『歩き方』を持って旅行している、とバカにする欧米人旅行者がいるが、実は欧米人旅行者にも『歩き方』のようなガイドブック『サバイバル・キット』（ロンリー・プラネット社）なる本があり、それこそ猫も杓子《しゃくし》もこの本を持って旅行している。

僕に言わせれば、『歩き方』も『サバイバル・キット』もよくできたガイドブックである。

あれだけの情報を使いこなすには、何カ月も旅行しなければならないだろう。しかし、自分に必要な情報がたまたま載っていなかった、とか、間違っていたと文句を言う方がおかしい……というのは制作する方の立場。使う方の立場からすれば、自分が乗ろうとしていたバスの時間が間違っていたり、泊まろうとしてやっとたどり着いたホテルがなかったりするとやはり頭にくる。

残念ながらこのギャップは簡単には埋められない。少なくとも、本として出版し、書店で販売し、二年おきに改訂版を出すというペースでやっている限り、このタイムラグは埋めようがないのである。このことを旅行者がちょっとでもわかっていてくれれば文句も半分くらいになるのだが、まあしょうがない。

しかし、ガイドブックとはそれほど必要なものだろうかと、旅行中にときどき思う。もっといえば、旅行するのにガイドブックを読み、前もって知っておかなければならない情報がどれくらいあるのかということだ。旅行したい場所にもよるが、日本人がごく普通に旅行しているような国や地域なら、ガイドブックの情報などまったくなくても旅はできると断言できる。ホテルの場所や交通機関はどうなっているのか前もってわかっていなくても、バスはあるに決まっているし、ホテルだってあるに決まっている。それがどこにあるのかは地元の人やツーリスト・インフォメーションで聞けば教えてくれる。したがって、例えばタイなら

観光地で『歩き方』を持っていると、
よく、こういうふうに
声をかけられる。
この本の△ページに私の写真が載ってるよ
SOUVENIR SHOP
マイショップ マイショップ
ほんとだー
でも、善良な人間とは限らないんだな、これが。
と、いうような話を旅行者にすると、似たような体験をしている人がたくさんいた。
私もー
オレも
1995

タイに行くと決めてしまえば、あとはタイ行きの航空券を買えばそれでＯＫなのだ。

だが、ほとんどの人は（僕も含めて）そうはしない。行く前にタイのガイドブックを買い、空港に着いたらどのバスに乗るべきかをチェックし、一泊目の宿を決め、翌日からの観光コースを検討する。実はそこからすでに旅が始まっているのであり、その前準備が楽しいのだ。

それでは、何で僕は必要もないはずのガイドブックを作るのか。それは、タイのように観光国として有名であり、明らかに行けるとわかっていれば行きたい人は迷わずに行けるかもしれない。だが、カンボジアやラオスのように、行けるかどうかわからない、それどころか場所さえも定かでない場合、イメージしようがないからだ。カンボジアなどは「内戦の国」というイメージばかりが出まわっている。それ自体は間違いではないが、そればかりだと間違いになる。アジアをよく知る人でさえ、ラオスやカンボジアを旅できることを知らない人が多いし、ましてや宿の状況など今の日本ではなかなか入手できない。宿のことなど行けばわかることではある。僕がガイドブックを作ることで伝えたかったのは、カンボジアもラオスも、とにかく行けるようになっているんだよということなのだ。そうすれば、きっと物好きで旅好きな連中が、おお、そうかと喜んでくれるのではないかと思った次第。

ガイドブックなんて、あってもなくても旅はできる。でも、自分の行きたい国のガイドブックを読むことは、また別の意味で楽しいことなのではないだろうか。

紙切れのようなお金

ある日、ユーゴスラビアを旅した読者からユーゴスラビアの紙幣をもらった。なんとそれは十億ディナール札であった。

当時のユーゴでは激しいインフレが起き、午前と午後で物価が違うというくらい急速に物の値段が上がった。僕は十億という額の札を生まれて初めて見たが、このあとすぐに五十億ディナール札ができて、そのことが新聞でも報道された。五十億ディナールがその当時（一九九三年十二月中旬）のレートで六百五十円の価値しかないのだ。六百五十円の価値があればいい方だとその人は言う。なにしろ月に二万パーセントという超インフレ率にあっては、この巨額紙幣が数日のうちに紙切れ同然になってしまうのだ。つまり、六百五十円だった五十億ディナール札が、一カ月後にはわずか三円二十五銭になってしまうのである。

この様子を描いた漫画があった。レストランで食事をした人が食べ終わって料金を払おうとすると、メニューより高い料金を請求されるのだが、これはほぼ真実の姿であり、まるでジョークになっていない。タクシーのメーターでも取り付けないと商売にはならないのではないかと思う。いや、恐ろしい。

その年の年末になって、ユーゴ国立銀行は通貨の切り下げを行い、五十億ディナールは一瞬にして五ディナールになってしまった。実はこの七年前、僕はユーゴを通過したことがあり、そのとき使い残した二十ディナール札を持っているが、切り下げ前のレートで換算すると〇・〇〇〇〇〇二六円になってしまう。こんな金、当時でもギリシャ人に紙切れだといって笑われ、ギリシャ・ドラクマへの両替を拒否されたほどだから、今やかえって貴重品かもしれない（なわけないか）。

僕がアフリカを旅していた一九九一年頃、似たような話がザイール（現コンゴ民主共和国）でもあった。ザイールの中央部を流れる大河ザイール川を下る船があり、これに乗って二週間の船旅をした旅行者がいた。船が出発してから日一日とビールの値段が上がっていき、最後は数倍の高さになってしまったという。その人は、これはいかんと思い、途中で自分の飲む分だけ先に買い占めてしまったそうだ。

ザイールのインフレにはいろいろと政治的な問題が絡んでいて、世界的に著名な独裁大統領がインフレ対策のために新紙幣を乱発し、それによってますますインフレが進行、ついに市民が新紙幣の受け取りを拒否してしまったという。誰も受け取ってくれない、つまり使えない紙切れで給料を支払われた公務員、警察官、一部の軍隊などが怒りを爆発させ、暴動に

これが50億ディナール札。この後500億、5000億札と発行が続いた。

なってしまったのである。気持ちもわかるよなあ。

その後もザイールのインフレは進む一方で、一九九三年にザイールを訪れた人の話によると、二年間で千倍以上のインフレとなっていたそうだ（それでもユーゴの足元にも及ばない）。

面白いのは、新紙幣をすっかり信用しなくなった東部のザイール人たちは、隣国のウガンダのお金を使い始めているという。もともと国境地帯では、経済力のある隣国のお金の方がありがたがられるものだが、ここではザイール・マネーが極端に失墜し、珍現象さえ生じている。ザイールの通貨単位はザイールというのだが、なんでも、百万ザイール札六枚で新五百万ザイール札十枚と等価になっているというのだ。ややこしい話である。

大統領の都合だけで造られた新五百万ザイール紙幣など誰が信用するか、そんなものより前からあった百万ザイールの方が偉いのだ！　なんてことになったのだ。おかげで事情を知らない旅行者は、闇両替でその新五百万ザイール札をつかまされて泣いているそうだ。

一九九四年には、またアフリカからおかしな話が飛び込んできた。これもまたインフレの激しいケニアの話である。

アフリカでは大統領が代わるとお金のデザインもよく変更される。自分の肖像画をお札に使用するのだ。ケニアでも、現在のケニア・シリング札には現職のモイ大統領の大きな顔が印刷されている。ところが、モイ大統領の前の大統領だったジョモ・ケニヤッタ大統領の印刷された紙幣が出まわり始めたというのだ。

偽札ではないのか？　と慌てた市民もいたが、どうも皆ケニヤッタ大統領の時代に出まわっていた紙幣と同じだという。しかし、十数年も前のお金の割にはパリパリの新品なのだ。妙な話ではないか。

真相はほどなく解明された。インフレが激しく次々に紙幣を印刷しなければならなくなったケニア政府は、ついに紙幣を増刷する力が及ばなくなって、金庫の底にしまいこまれ一旦《いったん》廃止された旧紙幣を再び復活させてしまったのだという。

いやはやなのである。草葉の陰でケニヤッタ大統領もさぞかし高笑いしていることであろう。

アフリカ旅行は危険なのか?

アフリカを旅してきたというと、よく「アフリカって危険じゃなかったですか?」と聞かれる。これにはどうも一言では答えようがない。当然ながら、危ないところもあれば、危なくないところもあるからだ。

とはいうものの、僕も行くまでは危険なところなのではないかと思っていた。単なるイメージの問題である。アフリカ=危険、というイメージがわれわれの中に深く浸透しているのだ。テレビや新聞では、アフリカで何か悪い事件が起きたときしか報道しないから、それしか見ない人間には印象が悪くなるのは当然だ。報道機関にすれば、何も事件が起きてないのに、「アフリカは平和です」なんて報道はできないのだろう(しかもアフリカの場合、悪い事件でも報道されればいい方で、数十人が死ぬような事件が起きても、報道されないことが多い)。

危険、危険と言われているのは何もアフリカばかりではない。ニューヨークだって危険は危険なのだが、それは極めて狭い範囲に限られている。だが、アフリカといえば日本のおよそ八十倍に及ぶ大陸である。その全土が危険なはずはないと、冷静に考えればわかるだろう。

先日、某ラジオ局で話をしたら、番組の司会役の方がマイクのスイッチが切れているときに、このような質問をした。

「アフリカの安ホテルに泊まっていると、夜中に賊が忍び込んできて、金を盗《と》られたりしませんか？」

意外な質問に一瞬とまどった。僕はアフリカでほうぼうの安宿に泊まり歩いたが、一度も危険な目になど遭わなかった。もっと極端な質問もある。某雑誌社で、若い編集者がこのような質問を発した。

「外国を歩いていると、殴られません？」

これはアフリカを想定しての質問ではないが、外国一般に対してこのような質問をするとは、いったい何をどのように考えているのかとしばし悩んだものだった。

海外旅行に危険はともなわないといったら嘘になるが、やみくもに危険なわけでは決してない。それはアフリカでもそうだ。アフリカの旅と聞くと、なんだか冒険的でワイルドな感じがするけれども、それほどのことはないのだ。もちろん冒険的な旅だって、その気になれば可能だ（僕はやらないが）。アジアでもアメリカでも日本でも、やろうと思えば冒険的な旅はできるだろう。アフリカだから何でもかんでも危険で冒険的なのではない。

例えば、アフリカというとすぐに登場するライオンやキリンのサバンナの光景がある。ワイルドな雰囲気が漂っているが、あれは実は富士サファリパークとまったく同じものである。ただ規模が大きいだけだ。入場料を払って車で動物を見に行く。車に乗っている限りライオンは決して観光客を襲ったりはしない。安全そのものなのだ。学者がザイール辺《あた》りにチンパンジーの生態を観察に行くとなれば話は別だが、アフリカに野生動物を見にいって、サバンナの夕日を眺めてる冒険家なんぞお笑いだ。あんなものゴム草履をはいて行ったってできることだ（要するにこっちが知らないと思ってテキトーなことを大仰にやってるにすぎない）。サハラ沙漠を越える大冒険なるものもある。これも実際にやってわかったのだが、もはやサハラを越えることなど冒険でも何でもないのである。誤解のないように付け加えると、サハラにも様々なルートがあり、時期とルートによっては冒険的な旅になる。それはサハラであえて冒険的な旅を試みようとすればできるというだけで、ただサハラを渡るだけなら冒険とはいえない。単なる旅である。

現在はアルジェリアとニジェールの政治的な問題でサハラは越えられなくなっているらしいが、例年クリスマスの頃になると、欧米から大勢のバカンス客がサハラを越えにやってきている。四輪駆動車、バイク、自転車などなど、渡る方法は様々だが、彼らは冒険をしようなどとは考えていない。あるドイツ人はトラックに水も食糧もたっぷり積んで、その上に机

アフリカの野生動物
といっても、こういう
車から見るだけ
いくら何でも、
これを冒険だとは
言わないと思うよ
NAIROBI SAFARI TOURS
観光客にうんざりしてるライオン
1996

やら椅子やら炊事用具まで積み込んでサハラに入って行くという。沙漠の中でバカンスを楽しむのだそうだ。シャワーだって浴びられるぞと自慢気に話していた。

以上のことを考えあわせると、アフリカを行く冒険的な旅行モノなんて、かなり怪しいデッチあげが多い。アフリカを旅した人の中には、バイクや徒歩でアフリカ中をまわる旅行者もいる。残念ながらこういう人はなかなか人の前には登場してこないのだが、やってることは文句なくすごいと思う。その一方でケニアのサファリ・パークでちょっとライオンを見て、豪華なコテージでメシを食うタレントのやってるテレビ番組なんぞは（それで冒険だの野生だの言う）、アフリカに対する偏見をますます助長させるだけである。

アフリカを旅することは冒険だ、危険だと言いふらして、自分たちがいかにもすごいことをやっているかのような番組を作る。実に貧しい連中なのである。

野蛮なのはどっちだ

アフリカを長い間旅して日本に帰ってくると、新聞やテレビで「アフリカ」という文字が出てくるたびに、知らず知らずのうちに敏感に反応してしまう。以前、インドから帰ってきたばかりのとき『インドア・ライフの方法』という本を見て、インドの生活方法の本と勘違いしたのと同じ症状なのである。

日本で聞くアフリカは、今のところ暗い話題が圧倒的に多い。テレビで流れるアフリカは「ソマリア問題」「モザンビーク内戦」だし、新聞でも悪い事件が起こったときしか報道しないから、どうもアフリカのイメージは悪くなる一方だ。

その他のアフリカといえば、あいかわらず「サバンナの野生動物」、または「密林の原住民」。アフリカの大草原でライオンやキリンを追いかけたり、マサイの踊りを見ながら夕日を眺める。ああ、あれがキリマンジャロ——。

僕は、それが嘘だと言いはしないのだが、しかし、何でアフリカというとそればっかりなのか？　とは言いたくなるのである。

卵が先か鶏が先かの議論になるが、日本人のアフリカに対するイメージがそうだから、それぱかり追い求めた映像をテレビが流し続けるのか、または、テレビが流し続けるからそういうイメージが固定されるのか。僕は後者の責任の方が重いと思うのだが、アフリカに取材に行って動物の姿しか見ない奴なんてアホとしか言いようがない（動物しか見るなと言われて行くんだろうけど）。

そういう中で、最近特に腹が立ったのはテレビで流された一九五〇年代の映画（タイトルを忘れてしまった）である。これが本当にひどい代物で、最後まで見ずにテレビのスイッチを切ってしまったが、だいたいのあらすじは次のとおりである。

タンザニアで白人が鉄道を造っている。そこへ白人の美女が自分の恋人を捜しにやってくる。ジャングルをくぐり抜けて、やっと工事現場までたどり着くと、そこには気の違った哀れな恋人の姿。黒人たちに襲われて、恐ろしさのあまり狂ってしまったらしい。そこへ再び黒人たちが彼らを襲ってくる。奇態なおたけびをあげながら……。

そこまでで僕はばからしさと怒りで見るのをやめてしまったので、それから美女一行が黒人たちに殺されてしまったのか、または黒人たちを追い払って鉄道を完成させたのかわからない。しかし、多分、鉄道を無事に造り上げたと考えるべきだろう。何故なら、今でも白人の造った鉄道はタンザニアにあるからである。

タンザニアのザンジバル島の町で。
あちこちに衛星放送用のパラボラ
アンテナがたっているのが見えた。
世界のニュースを同時に見守っている
時代に、あんな映画はないもんだ。

これは植民地宗主国が制作した映画で、自分たちの都合のいいように話をでっち上げたのだ。アフリカの鉄道は植民地時代にヨーロッパ列強が、植民地の資源、農作物をヨーロッパに運ぶために建設したものだという。

「ヨーロッパ列強は、鉄道建設によりアフリカを大量の投資の場にしようとし、鉱物資源や農産物を廉価で輸入するため、スエズ運河の開発や外洋航路の充実とあわせて、鉄道輸送の確立に力を入れた」（歴史教育者協議会編『100問100答世界の歴史2』河出書房新社）

ヨーロッパ列強はこのために、アフリカ各地に鉄道網をはりめぐらす。前掲の本によれば、そういった鉄道にはそれぞれニックネームが付けられており、ウガンダの綿を運び出すための「綿花鉄道」、セネガルの「落花生鉄道」、ガーナの「カカオ鉄道」、ナイジェリアの「パーム鉄道」、南アの「ダイヤモンド鉄道」「黄金鉄道」、ザイールの「銅鉄道」などと呼ばれていたそうだ。これらの鉄道建設のために「アフリカ人は、土地を収奪されたり、建設のための労働力や税金という形態での資金の提供を強要されたり、さまざまな生活の変化を余儀なくされた。これらはセネガルやタンザニアなどにおける鉄道建設に反対する運動を引き起こした」（前掲書）とのことである。

要するに、襲われて当たり前のことをあの映画の白人たちはやっていたのだ。もしヨーロッパ人が、日本人から土地を取り上げ、奴隷のようにこき使って、日本の米やお茶をヨーロッパに運び出すための鉄道を造ろうとしたら、日本人はそれに抵抗するだろう。それをヨーロッパ人が野蛮人のハラキリ・サムライという映画に仕立てて中国に輸出したとしたら、日本人はどう思うだろう。それを見た中国人が白人の美女に肩入れして「日本人はなんて野蛮なんだ」と思ったら、どうしたらいいのだ。

それと同じことを日本のテレビ局はやっているのである。この映画を放映したテレビ局の連中は、タンザニア政府から抗議がこないだけ運がいいと思わなければならない。どうせ遠いアフリカのことだから、ま、こんなもんじゃないの？　なんて神経で、テキトーに古い映画を（安いというだけで）放映してるんじゃないだろうな？

こうやってアフリカのイメージは積み上げられていくのだろうか。一九五〇年代に作られた亡霊のような映画を、今になってもまだわれわれは見続けて、ああ、アフリカ人てなんて野蛮なのだと思い続けなくてはならないのだろうか。安易で一方的なマスコミによって日本人のアフリカ観がかたちづくられていくのだとすれば、タンザニア人にとっても日本人にとっても、それはつくづく不幸なことではある。

説教オヤジにめげるでないよ

世の中には説教好きのオヤジ族なる連中が存在する。ふたことめには「世の中はそんなに甘くない」だの、「若いうちは真面目《まじめ》に働かなくちゃいかん」だの言うのだ。僕はガキの頃から、説教をされるのが大嫌いで（もちろん説教をするのも嫌いだ）、特に偉そうな顔をしてもっともらしいことを言うバカオヤジどもを常に軽蔑の対象としてきた。

しかし、僕のような人間は説教しやすいタイプなのか、よくあちこちで被害を受ける。いつぞやは友人の勤める会社に電話したら、上司が電話口に出て、「あなたは誰だ」と言う。「僕ですか？　○○さんの友人ですが」と答えると、「僕？　社会人のくせに僕とは何だ。私と言いたまえ」といきなり教育されてしまった。「僕」の方も頭にきて、「あんたなんかに指導されるおぼえはない」と言い返した……かったのだが、友人に迷惑がかかるのを恐れてぐっと我慢しなければならなかった。

こんなこともあった。長い旅から帰ってきた直後、東京発の夜行列車に乗ったら、同じ寝台車に乗り合わせた老夫婦からまたもや説教をくった。

「あんた、どこか旅行でもしてたのかね」

僕の服装と荷物を見た老夫が僕にそう聞いたので、外国に行っていましたと答えると、

「ほう、どれくらい？」

僕は正直に答えるべきかどうか迷ったのだが、まあいいだろうと思って、二年半だと言った。すると、オヤジは顔を横に振りながら、「まったくなあ、わしらの時代には考えられんことだ。二年半も海外をぶらぶらしてるなんて……。それじゃあ、日本に帰ってきても仕事なんかないだろう。あんた、歳はいくつかね」

「三十七ですけど」

「三十七か。まだ、これからだな」

ほっといてくれ！　と言いたかったが、八十を間近にしたようなジイさんを怒鳴りつけるほど、もはや僕は子どもではなかった。なにしろ（当時）三十七歳なのだ。

しかし、それから寝台にもぐり込むまで延々とジイさんの説教が続いたのにはまいった。やれ世間は金次第だとか、若いときには苦労は買ってまでしろだとか、聞いたふうなことばかり言う。おまけに一流商社に入社できた息子の自慢話に加え、自分の生い立ちまで聞かされて、まったく散々な帰国第一夜なのであった。

もしかしたら、読者の中にも、親や親戚などからいろいろ説教されている人がいるんじゃ

ないだろうか。僕が思うに旅好き人間ほどこの手の犠牲になりやすい人種はない。いわく、将来の計画もなく、休暇だけはしっかり取り、ヒマさえあればどこかにふらふら出かけて行くことしか考えない。危ないところへ好んで行く。無謀このうえない。何を考えてるんだ……などなど。

やれやれである。説教する手合いに聞くが、若い頃立てた「将来の計画」とやらはどれほど実現したのか、休暇を取ることのどこがいけないのか、いちいち反論することは簡単なのだが、これが実に空《むな》しい。まったく日本人の度量の狭さには困ったものよ、などと嘆いていたら、またしても田中真知さんの『アフリカ旅物語　中南部編』にこんな一節が載っていた。長期旅行をしているスイス人の若者の嘆きだ。

「オレはスイスが好きだよ、とピーターは言った。でも、長くいると息がつまってくる。（中略）旅行から帰ってきて、知り合いに会うだろ。でも、だれも、オレが行った旅先の話なんか聞こうともしない。いっさい興味がないんだ。南米のことも、アジアのことも、アフリカのことも、まったくなんの興味ももってないんだよ。そのかわりにオレに説教をするんだ。いい年をして旅行ばかりしていて、もっと常識をもって人生のことを真剣に考えたらどうだ、なんてね。信じられるかい？　やつらの言う人生ってなんだい？　常識ってなんだい？　あいつらときたら自分たちは正しい、と自分たちの常識をいちども疑ったこともなく、

くどくど
くど
くどくど
くど
1996

頭から信じこんでいるんだ。オレが旅をとおして見たり聞いたりしてきたことは、ここではなんの意味もないものと見なされる。オレは帰るたびに、やるせなくなる」

同情するぜ、ピーター君。まったく滑稽なほど日本と同じではないか。このような説教オヤジなどにめげてはいかん。アジアにも南米にもアフリカにも興味がなく、ネパールがどこにあるのかも満足にわからない連中の言うことが世界の常識であるわけがないではないか。オヤジの勤めている会社の常識ではあるかもしれないが、そんな会社なんかそのうち潰れてしまうんだぞ。金勘定と世間付き合いに明け暮れ、世間体ばっかり気にしてせこせこ生きるから世の中悪くなる一方だ。子どもはぐれるし、いじめは起こるし、オウムはサリンをばらまくし。こんな常識なんか屁だ！　と「私」は言いたいのである。

と、あんまり気張ってみてもしょうがないが、こんなんでめげてたら生きていけないよな、ホント。

旅行者諸君、手紙を出そう

ネパールで雪崩《なだれ》が起き、多数の日本人トレッカーが遭難する事故が起きた。この直後、僕の事務所に電話がきて、「子どもがチベットにいるが大丈夫だろうか」と心配する両親の問い合わせが何本かあった。

実を言うと、一カ月に一件ぐらいはこのような問い合わせがくる。たいていの場合、連絡がくる予定なのにこないのだが、こちらから連絡を取る方法はないかといった質問だ。

自分もそうだったからわかるのだが、旅行している本人は、日本にいる肉親のようにわが身を心配しながら旅しているわけではない。気楽にやっていて、つい連絡を怠ってしまう場合が多いのだ。せっかく葉書を書いても、郵便局に行くのが面倒だったり、電話をしようにも国際電話は料金が高く、どこからでも簡単にかけられない。そんなこんなで、日本にいる人間にますます心配をかけることになってしまうのである。

ずいぶん前のことだが、ある女性読者の母親と妹から連絡があった。娘（姉）がナイジェリアに行ったまま、帰国予定日を一カ月も過ぎたのに何の連絡もない。どうやったら連絡が取れるだろうかと訴えてきた。

その女性は、それからしばらくして親元に電話をかけてきた。予定通り帰国できなかったのは、空港の役人から賄賂《わいろ》を請求されて払うことができず、予約した飛行機に乗せてもらえなかったからだそうだ。日本へ電話したくても、彼女が宿泊していた場所から国際電話のできる電話局までは遠く、治安が悪すぎてひとりで行くことができなかったという。

結局、彼女は日本大使館に相談して、大使館から当局に話をつけてもらい、予定より一カ月半遅れの飛行機にようやく乗り込むことができたそうである。

こんな事情を日本にいる肉親が知るはずもない。ただただ心配ばかりしなければならないのは気の毒な限りだ。ナイジェリアはかなり特殊なケースだが、様子のわからない人にはロンドンでもラゴスでも同じだろう。

ある旅行者の母親から、バンコクにある日本大使館の住所を教えてもらえないかという問い合わせが先日あった。息子が手紙をそこに送るようにと連絡してきたのだが、住所が書いてなかったそうだ。

しばらくして、その母親が、僕の会社から発行している旅の本を注文してきた。そのさらに四、五日後、今度は礼状が届いた。その節は手間をとらせて申し訳なかったという丁寧なお礼のあと、次のように書いてあった。

「なぜ息子があのような旅行をしたがるのか理解に苦しみましたが、この本を読んでようやくその気持ちが少しはわかった気がしました」

ありがたい言葉をいただいて、発行人としては、これに勝る光栄はない（ちなみに、この本とはさいとう夫婦の『バックパッカー・パラダイス─旅人楽園─』である）。

日本人の海外渡航者の数は年々うなぎのぼりに増えている。それにともなって、必然的に事故の件数も増加していく。ネパールで雪崩に遭って死ぬ確率よりも、日本で交通事故に遭って死ぬ確率の方が比較にならないほど高いのだといっても、それでもなお外国の方が危ないと思いがちなのは仕方のないことかもしれない。事実、事故は起きているし、行方不明者だって存在するのだから。

なぜ息子や娘がそんな旅に出たがるのか理解しようとしなければ、結局、訳がわからないまま一喜一憂するだけだ。もっとも、旅に出てる本人でさえ、なぜ旅をしているのかよくわからない場合があるのだから、それを理解するのは簡単ではない。たとえ理屈で理解できたとしても、それで心配が軽減されることにもならない。結局、親の心配は尽きないのだ。

その一方で、ある読者からは次のような手紙をもらった。自分の旅行に対して心配と文句の絶えなかった父親が、あるとき自ら海外へ旅に出たという。それからというもの、その父親は「若いうちに海外旅行をするものだ」と言うようになったそうだ。

日本で普通に生活しているのに車に轢《ひ》かれて死ぬ人もいれば、地震で死ぬ人もいる。東京に住んでいる僕だって、わずか二時間の差で毒ガスによって死んでいたかもしれないのだ。日本の我が家の畳の上で死んだ人と、ヒマラヤ山中で遭難して死んだ人のどちらが幸福で、どちらが悲劇なのか、本人以外の人間が決められることではないだろう。ヒマラヤを愛する日本人が、ヒマラヤに抱かれて死ぬのは、その人にとって幸福な死だと言ってはいけないことだろうか？

旅行者諸君、旅が長くなればなるほど筆不精になるのは僕もわかるが、面倒くさがらないで葉書の一枚でも書いてやってくれ。あなたのことを心配している人がいるんだからね。

　御存知のように世の中は国際通話ができる携帯電話の時代へと突入した。通信技術の進歩はめざましいものがあるが、例えば海外を旅行中にポケットの携帯電話が鳴って、日本にいる親や友人の声が聞こえてくるならまだしも、会社の上司だったらいきなり旅行気分が吹き飛んでしまうんじゃないか。確かに携帯がある方が安心できるだろう。その代わりに、旅をすることでしか得られないもの、感じられることの非常に大切な部分を失うことになると僕は思う。僕自身は日本でも携帯電話は持っていない。

おまけ・プロフィールにかえて〜「旅行人」編集人　蔵前仁一のできるまで

一九五六年一月二日、鹿児島県始良《あいら》郡牧園町生まれ。井筒部屋の霧島関と同郷で、幼年期に相撲をとった仲ということはまったくなく、何の関係もないのが悔やまれる。実家は旅館業を営み、幼少の頃より旅人に親しむが、たいした影響力を及ぼさず、大学を卒業するまでまったく旅には関心を持たなかった。

親の勧めで鹿児島市内の鶴丸高校に入学するも、勉強ばかりさせられて劣等生として暗黒の三年間を過ごし、酒とタバコを覚える。入学当時の席次は五百人中四百八十番だったことが後に知れ、かなり落ち込む。落ち込んだまま結局はいあがることができず、ようやく灰色の高校生活を脱し東京へ。しかし、学力が及ばず軒並み大学を落ちる。

このとき、作新学院の江川卓が同じ大学の同じ学部を受験した。その日試験が終わって、まったく不出来だったので、絶望的な気分で最後に大学の校門をくぐろうとすると、門の外で待ちかまえる多数の報道陣にばしばしとフラッシュをたかれ驚く。するとその後ろに江川氏が立っていた。

発表の日、私の受験番号はそこになく、同時に江川氏も落ちたことをスポーツ新聞の一面で知る。見出しは特大の白抜き活字で「江川三振」。その紙面を見て我がことのように傷つき、以後スポーツ新聞を絶対に買わないという誓いを立てる。その誓いは後年ヤクルト・スワローズが二度目の優勝を果たす一九九二年まで守られた。

翌年も二校の受験に失敗するも、ようやくひとつだけひっかかって大学に入学。江川氏は前年法政大学に進学したが、これは私とはまったく関係ない話であることが悔やまれる。大学に入るとき、二度と勉強はしたくないと思っていたので、直ちに漫画倶楽部に入部。四年間授業にはほとんど出ないで毎日漫画ばかり描いて暮らす。倶楽部では編集長となって活躍。この頃から本作りに熱中し出す。

四年生になって（勉強しなくても大学は進級させてくれた）、そろそろ就職問題が身近なものになってきたが、成績不良でまともな会社勤めができるとは考えていなかったので、学歴不問の新興レコード会社を一応受験するものの、社長面接までいって遅刻する。待合い室にいた男に「面接は始まりました？」と聞いたら「まだですよ」というので安心していたのだが、面接が始まると、その男がその会社の社長だったことから不合格になる。これで就職活動は終了。

大学も普通より一カ月遅れで卒業。国語学という出席しさえすれば単位の取れる学科を

（甘くみて）落とし、教務課の人に怒られて追試を受け無事卒業。就職先も決まっていなかったので、四月卒業でも五月卒業でも人生に影響を及ぼすことはなかった。

それで幼い頃からの夢だった漫画家を志すことにする。大学時代から漫画一筋、ついでに「だっくす」という漫画専門誌の制作も（カツどんにつられて）手伝っていたので、長編漫画も数本描いていた。名作だが誰も知らない『K先生の講義』もこの頃生まれた。そのうちの長編SF漫画を某大手漫画誌に持ち込んだところ、「登場人物にかわいい女の子が出てこない」「ストーリーなんか編集部で考える」だの言われて憤慨し、誰が漫画家なんかになるか、ばーろーと、あっさりとその志を捨てる。

で、漫画家と比較的近い関係にあるイラストレーターになることを思いつくが、いきなりイラストレーターだと言っても仕事がくるわけがないし、これでは食えないと思い、雑誌のデザインもやることにしようとデザイン学校に行く。同時に広告代理店の制作部にもアルバイト入社する。デザイン学校ではポスターカラーの平面塗りを毎日やらされ、広告代理店では写植の曲がり具合いを直す作業を毎日続けたが、結局ポスターカラーの平面塗りはものにならず、こんなものは指定でいいのだと馬鹿にして先生に怒られる。

金が少し溜まったので、現代美術を見にリュックをかついで二カ月ほどアメリカへ。これが初の海外旅行だった。帰国したら、デザイン学校でやっていることがすっかりばかばかしくなり即やめる。広告代理店では、デザイン制作部の上司が優秀で誠実な女性だったので尊敬していたが、そのさらに上の上司が威張りくさったアホな男だったので、結局これも嫌になってやめる。

そして、いよいよ念願のフリーランスのグラフィック・デザイナー及びイラストレーターとなるが、同時に失業者同然となる。この頃、年収は六十万円しかなく、毎日友人と握り飯ばかり食って過ごす。電車賃もなく雨の日も風の日も原付バイクで都内を走り回って仕事先に出向いていた。あるときなど途中でガソリンが切れ、手持ちの五十円分のガソリンをタンクに入れてもらい、ようやくアパートに帰り着いたことがあった。まともな仕事はほとんどなく、エロ本のレイアウトをやってみたが、ギャラが安く、かつ急ぎの仕事だったので、仕事仲間に手伝ってもらったら、そのバイト料で赤字になり、がっくり。売れている先輩のアシスタントをやってどうにか食いつなぎ、売れていない友人たちと「MIX・ROOM」というデザイン事務所を設立。これで一流デザイナーへの道を突き進むはずだったが、雑誌業界は過激に忙しいところで、事務所をつくって仕事をやり始めると、安い仕事ばかりが舞い込んで急激に忙しくなり、毎日三時間しか眠れない日々が続く。事務所は連日不夜城と化し、朝の四時に原稿を出す方も出す方だが、昼の十二時に仕上げるといった無茶なやり方が通用していた。引き受ける方も引き受ける方だ。フリーはつらい。

ある日の夜明け、疲れきって珍しくタクシーに乗ったら、タクシーの運転手に「いくら若いからって、そんなことやってたら死んじゃうよ」と言われ、その言葉が胸に響いてやめようと思う。そして休暇を取ってグアムへ行ったが、そこでは日本の女がごろごろと寝そべっているばかりでこういうところはダメだと思う。

そこにインド好きの友人がインド旅行を勧めてくれたので、安易な気分でインド行きのチケットを買ってインドへ行く。帰国後インドへ行ったことを深く後悔する。仕事が全く手につかなくなり、八カ月後ついにすべての仕事をやめ、一路アジア諸国へ旅立つ。そして現在に到る。

人生は謎だ、と思う。

あとがき

この文庫の親本である『沈没日記』を出版したのが一九九六年のことで、あれから早くも七年がたった。出版社をやっていて忙しく働いていると、もう七年もたったのかと思うのだが、その間に日本の海外旅行事情は大きく様変わりした。「バックパッカー」という言葉がすっかりポピュラーになり、渋谷をうろついているような若者がバンコクのカオサン通りで遊ぶようになり、そしてテロに気をつけて旅しなければならなくなったように。

文庫版を出すにあたって、二〇〇二年十二月にタイ、ラオス、カンボジア、ベトナムといった国々を早足でひとめぐりしてきたが、特にカンボジア、ベトナムの変わり様はすごかった。本文で、バンコクのカオサン通りが周囲にまで広がっていると書いているが、その〝カオサン化現象〟はカンボジアやベトナムにまで飛び火して、ホーチミンのファングーラオ通りやハノイの旧市街は小さな〝カオサン通り〟と化している。日本人だけでなく世界中からバックパッカーたちがこういった地域に寄り集まっているのだが、まさか日本の若い女性たちが、ホーチミンでショッピングしたりグルメ旅行するようになるとは想像できなかった。

バックパッカー的な旅行のスタイルは、若者向けであると考えられていた。ありあまっているヒマと体力でたりない金を補うなんてのは普通は若い人のすることだ。それがどうも最近はそうとばかりもいえなくなっている。もちろん今でもバックパッカーに若者が多いのは確かだろう。だが、相対的に若者の海外旅行離れが進み、逆にバックパッカー的な旅行に憧れて旅に出る中高年が増えているらしいのである。

海外旅行に〝憧れ〟を抱くということが、徐々に若者からなくなっていき、それが単なる娯楽やバケーションの一種になりつつある。逆に、海の向こうにロマンチックな視線を向けるのは、「憧れのハワイ航路」なんて歌を知っている世代だったり、学生の頃バックパッカーとしてインドに一カ月旅行したことがあるような中年だったりするのである。

海外旅行がバケーションであって悪いわけがない。昔とは比べものにならないほど多くの人々が海外に出かける時代なのだから、海外旅行が特別なことではなく、リラックスするためのものになったとしても少しも不自然ではない。でも、バケーションでもなく、ショッピングでもない、旅の面白さは確かに存在する。中年旅行者となってしまった僕としては、やはり若い人にこそ大いなる好奇心を抱きつつ海外旅行をして欲しいと思う。だって、ホントに面白いからね、旅行は。それが少しでも伝わればいいのだがと願っております。

ところで、本書は文庫化にあたって『沈没日記』から『スローな旅にしてくれ』という書名に改称した。『沈没日記』では旅の本であることがわからないというのが大きな理由である。『沈没日記』をすでにご購読された方はご注意下さい。

で、新しい書名の『スローな旅にしてくれ』は、いうまでもなく片岡義男さんの名作『スローなブギにしてくれ』（角川文庫）のもじりである（未読の方はぜひこちらもお読み下さい）。『沈没日記』の「沈没」とは、旅行者用語で一カ所に長期間滞在して動かなくなることだが（その間に僕はよく日記を書いたので『沈没日記』になった）、沈没していると旅は実にゆっくりとしたものになるし、そういった旅が本当に心地よかった。だから旅はなるべく『スローな旅にしてくれ』なのである。

二〇〇三年一月三日　蔵前仁一

解　説

ゲッツ板谷

最初に断っとくけど、オレの話は何の脈絡もなくスーパーボールのようにアチコチ飛びまくんで、そこんとこヨロシク〜。

紀行本を書くためアジア各国を回るようになる前、オレは何冊かの旅本を買って読んだ。その中で唯一好感が持てたのが蔵前さんの本だった。

他のは著者の感性自慢ばかり。が、蔵前さんの本は親切というか、読み手のことを考えてイロイロなことが非常にわかりやすくサラリと書いてあった。また、文章に嫌味がなかった。嫌味のない文章というのは練習して書けるものではないし、嫌味を隠そうとしても本1冊単位で考えればとてもカモフラージュできるものでもない。そう、「書き手自身の性格」が成せる業なのだ。つまり、蔵前さんは決して普通の人ではないだろうが、凄くエエ人なんだなぁ～ということが文章を読んだだけでビンビン伝わってきたのである。

さて、オレは紀行本を今までに4冊出していて、現在、5冊目の『韓国怪人紀行』をタラタラと書き下ろしている。が、オレは決して旅行人ではない。なぜなら、外国を旅したくていつもウズウズしているわけでもないし、旅した国のことも本を書き終えた時点でほとんど忘れてしまう。そう、旅も楽しいとは思うが、それと同じぐらい合コンをやったり、ロッテの「パイの実」を食べながら鳥人間コンテストを観たり、自分ちのバアさんを長い棒で上手に突き倒したりすることが好きなのだ。

が、そんなオレが今でも強烈に覚えていることがある。初めて「バックパッカー」として旅行したタイ。そのアユタヤという町で初めてドミトリー（大部屋）に泊まった時のことである。

「おい、ココって馬の死骸か何かを収容するところかよ……」

そのドミトリーの内部を一目見た途端、思わずそんな言葉が口から飛び出ていた。その中はホントにボロボロで、まともな室内灯すらなく、もちろん扇風機もテレビもなく、今にも朽ち果てそうなベッドが死体安置所のように不気味に並んでいるだけだったのである。

オレは、そのベッドの1つでジッとしててもドクドク流れてくる汗をタオルで絶えず拭いながら、数日前までの日本での何不自由ない生活とのギャップに只々うち震えることしかできなかった。そして予算の都合上、明日からの宿もココと大して変わらないだろう……とか考えていたら軽いパニック状態になってしまい、隣のベッドに同行の女性編集者がいるというのにオナニーをしてしまったのである（それ以後、彼女はほとんどオレの目を見て話さなくなった）。

ところが、人間というのは不思議なものである。その後、タイの別の地域、ベトナム、インド、韓国と旅しているうちに、この『スローな旅にしてくれ』の冒頭にも書いてある通り、ボロボロの安宿でホッとできるようになっていたのである。いや、それどころか、上等な宿に泊まるとエアコン、テレビ、お湯の出るバスタブ付きの風呂まであるが、それこそ冷蔵庫のジュースを飲んだら1本幾ら取られるだろうとか、ボーイに何か頼んだら幾らぐらいチップをやらねばならないのか？　とか、そういうところに神経を使うことがモノ凄く面倒で苦痛なことになっていた。

何もない安宿。が、かえってソレがイロイロなものから自分を解放してくれ、1人でゆっくり考え事をしたり、時には仲間と「ところで、おメーってアナルに入れられたことある？正直に言えよっ！」なんて下らない話もできたりして、それがとても愛すべき時間になっていた（ま、その女性編集者は遂には口もきいてくれなくなったが……）。

さて、またまた話は飛ぶが、オレは旅をしている時と、それから帰ってきてその旅を文章に起こしてる時にそれぞれ1つずつ決めていることがある。

旅の最中、オレは基本的に「ケンカ態勢」でいくことにしている。その国の人々のたくましさやしたたかさにケンカを売りまくるのである。ま、結局は毎回コッチが負けるのだが、ケンカを売るとムキになった相手は思わず本心を出してくるもので、その後、その人間が意外と〃イイもの〃を抽出してくることが多いのだ。んで、その各イイものを線でつなぎ合わせていくと、その国のこと、その国で生きてる人々のことがよりハッキリ見えてくるような感じがするのである。

また、オレは日本人のバックパッカーたちに対してもフレンドリーじゃないというか、割と素っ気ない方で、特に20代後半以上の奴らとは長時間会話を交わすなんてことはほとんどない。そうなったのは、タイのバンコクで遭遇した何人かの日本人バックパッカーが原因である（と決めつけている）。

ある安宿にいた彼らは、まず相手の旅行歴を尋ね、自分より海外滞在日数が少ないとわかると途端にわざと気怠そうな表情を浮かべて先輩風を吹かせるようになる。で、タイに長期滞在しているくせにタイの悪口を言い、その次に日本の悪口を言い始め、おまけにタイのことを紹介している日本の各旅行本のことまで「あの本を書いた奴は何もわかっちゃいない」

て な感じで批判するのである。

ところが、じゃあ、そんな自分らは一体何者なのかといえば、フタを開けてみれば日本にいる友人や肉親たちからコソコソと金を送ってもらって、現実から逃げ続けているだけなのだ。オレは、そんなみっともない奴らを目の当たりにして、それ以後、旅先で日本人と話すのは面倒臭いから極力控えようと心に決めた。

が、蔵前さんの本を読むと、旅先で知り合った日本人の中で、ちゃんとした目的があり、かつ、非常に魅力溢れる人が次々と紹介されている。で、そういった行《くだり》を読んでいると、そんな人々を引き寄せられる蔵前さんのことがホントに羨ましく思えるのだ。で、せめて同国人だけには愛想良く接しようと改心したのだが、年を追うごとにオレはブクブクと太り続け、短髪でヒゲまで生やしているのでヤバい物の買い付けに来ているヤクザだと思われるようになり、話し掛けようとしても相手に避けられてしまうようになった。……ま、自業自得である。

で、そんなこんなで旅から帰ってくるといざ執筆となるわけだが、その際に決めているのは「旅のマイナス面もちゃんと書く」ということである。

よっぽどのアクシデントや事故に見舞われぬ限り、海外旅行というのは面白いに決まっている。が、と同時に大変さや面倒臭さとの闘いでもあるのだ。

人間というのは、つくづく面倒臭くできている。特に東南アジアの国々なんかを旅していると、ノンストレスで心配することが何もない……なんて状態でいられることは滅多にない。今日は少し熱がある、腹が下り気味だ、何か頭痛がする、変な虫に刺されて背中が猛烈に痒い、足が痛い、オシッコやウンコがしたいけどトイレが近くにない、暑くて頭がポーっとする、ケガをしたところが変な膿み方をしてきた……なんて要素に大抵見舞われているもので、場合によってはソレに加えて船のチケットがなかなか買えないイライラや物売りのしつこさなどが否応なしに襲いかかってくる。

ま、結局はイロイロ珍しいモノを目にしたり、いろんな人に出会ったりする楽しさがそれらを帳消しにしてくれるのだが、とにかく不愉快だったりツラいと感じたらソレをそのまま正直に書くことにしている（あと、名物が不味かった、とかね）。要するに、個人旅行というのは苦痛と快感が必ずワンセットになっているものなのだ。

で、蔵前さんは、この苦痛と快感を書くバランスが非常にいいのである。しかも、長年にわたって様々な国を旅してる蔵前さんはオレの何十倍もの苦痛と快感を味わってるはずなのに、どちらもサラッと書いてある。だから、同氏の文章には説得力があるし、また、そうめんでもススっているかのようにスルスルッと頭の中を心地良く通過していくのである。

そして、この『スローな旅にしてくれ』を含め、蔵前さんの本を読んでいると〝とにかく旅に出たくなる〟のだ。そう、旅を扱った本において最も重要なのは、先駆者としてその国のことをティーチングすることでもなければ、読み手に著者の感性や物の考え方を素敵だと思わせることでもない。

読んだ者を明日にでも旅に出たくなるような気分にさせる、それが一番の肝だとオレは思う。が、これって簡単そうで実はハンパじゃなく難しいことなんだよなぁ〜。蔵前さんは、それを簡単な言葉でサラリとやってのける。だから、蔵前さんの著書は多くの人に愛され、こうして文庫にまでなっちゃうのだ。つくづく羨ましい限りである。

だから蔵前さん、今度会う機会があったらデブが好きそうな、なんかフワフワして腹持ちが良さそうなモノをオレにオゴって下さい。

勝手に楽しみにしてます。

――フリーライター

この作品は一九九六年三月旅行人より刊行された『沈没日記』を改題し加筆したものです。

幻冬舎文庫

●好評既刊
南島ぶちくん騒動
椎名 誠

かつて映画撮影のために長期滞在した沖縄・石垣島を再訪した著者の思い出を辿る旅。泡盛片手に八重山そばに舌鼓を打ち、生マグロを探し求めた旅の顛末はいかに……。写真満載のエッセイ集。

●好評既刊
アジアの弟子
下川裕治

僕はアジアに弟子入りしたような日本人だった――勤めていた新聞社を辞め、著者は長い旅に出た。旅とは何か? そしてアジアとは? アジア紀行の第一人者による感動の私ノンフィクション。

●好評既刊
忘れないよ! ヴェトナム
田口ランディ

まさか私が旅行記を書くために何も知らないヴェトナムを訪れるとは……。不思議な運命と新鮮な出会い。自由に、気ままに、時には危険も辞さない珍道中の数々。田口ランディのデビュー作!

●好評既刊
ひかりのあめふるしま 屋久島
田口ランディ

仕事に疲れ、海と森と川以外には気のきいたものは何もないはずの屋久島にやってきた著者は、美しい自然や人々との不思議な出会いによって運命が激変した。誰をも魂の物語に誘う旅エッセイ!

●好評既刊
ガンジス河でバタフライ
たかのてるこ

極端な小心者だからこそ、五感をフルに稼働させて、現地の人とグッと仲良くなっていく。ハチャメチャな行動力とみずみずしい感性が大反響を呼んだ、てるこの爆笑紀行エッセイ第一弾。

幻冬舎文庫

●好評既刊
ほげらばり〜メキシコ旅行記
小林聡美

気軽な気持ちで出掛けたメキシコ初旅行。しかし、待っていたのは修業のような苛酷な16日間……。体力と気力の限界に挑戦した旅を描いた、書くは涙、読むは爆笑の、傑作紀行エッセイ。

●好評既刊
知らない何かにあえる島
斎藤綾子

マユミに誘われて行ったあの島で、私はセックスよりも気持ちイイことを知る。あれは神秘的な体験だった……。撮り下ろしカラー写真や書き下ろし小説を二編くわえて生まれ変わる幻の名著!

●好評既刊
マリカのソファー/バリ夢日記
世界の旅①
吉本ばなな

ジュンコ先生は、大切なマリカを見つめて機中にいた。多重人格のマリカの願いはバリ島へ行くこと。新しく書いた祈りと魂の輝きにみちた小説+初めて訪れたバリで発見した神秘を綴る傑作紀行。

●好評既刊
SLYスライ　世界の旅②
吉本ばなな

清瀬は以前の恋人の喬から彼がHIVポジティブであることを打ち明けられた。生と死へのたぎる想いを抱えた清瀬はおかまの日出雄と、喬を連れてエジプトへ……。真の友情の運命を描く。

●幻冬舎アウトロー文庫
マリファナ青春旅行
(上)アジア・中近東編　(下)南北アメリカ編
麻枝《まえだ》光一

マリファナを吸ってなぜ悪いんだ——。十九歳の初体験以来、煙に誘われ旅した国は世界三十三カ国、さらなる快感を追い求め体験したドラッグは十数種。退屈な日本を飛び出した若者の青春の放浪記。

幻冬舎文庫

●最新刊
クスリ通
唐沢俊一

毒と薬は何が違う？　酒を嫌いになる薬がある？　まったく知らなかった古今東西のクスリのウラ話、満載。薬局生まれの著者の、医者もたじろぐクスリ雑学。ベストセラー『薬局通』待望の続編。

●最新刊
お願いナース
岸　香里

患者同士の「失楽園」、医者とナースの合コン合戦、死相の浮かぶ看護婦、権力志向の婦長、ガンと闘うこわもてヤクザ……。もと看護婦の著者が病院のお騒がせものたちを描いたエッセイ&マンガ集。

●最新刊
OL委員会秘宝館
「これが我が家の死蔵品」編
清水ちなみ

フツーのOLたちの驚くべき実態がここに！　久しぶりに掃除したら出てきてしまった「死蔵品」自慢、他人には絶対に言えない「いけない妄想」……。大人気シリーズ第五弾。文庫書き下ろし。

●最新刊
ぼくの心をなおしてください
原田宗典
町沢静夫

躁うつ病に悩む人気作家が、ベテラン精神科医の門を叩く。抗うつ剤に頼る前にできること、もしも家族がうつ病になったら、いい病院・いい医者を見つける方法など、役立つ情報が超満載！

●最新刊
女を上げるホテルたち
村瀬千文

ハワイ、セブ島などリゾートと、ニューヨーク、香港など都市の、世界中の「ホテル力」のあるホテル43軒の魅力を、ユニークな視点からたっぷり伝授。読むだけで幸せになれるフォトエッセイ集。

スローな旅《たび》にしてくれ

蔵前仁一《くらまえじんいち》

平成15年2月15日　初版発行
平成18年5月30日　3版発行

発行者――見城　徹
発行所――株式会社幻冬舎
〒151-0051東京都渋谷区千駄ヶ谷4-9-7
電話　03(5411)6222(営業)
03(5411)6211(編集)
振替00120-8-767643

印刷・製本―図書印刷株式会社
装丁者――高橋雅之

万一、落丁乱丁のある場合は送料当社負担でお取替致します。小社宛にお送り下さい。
定価はカバーに表示してあります。

幻冬舎文庫

ISBN4-344-40321-5　C0195　く-6-1